研究生公共汉语

初级读写

甄珍　陈蒙　主编

山东大学出版社
SHANDONG UNIVERSITY PRESS
·济南·

图书在版编目(CIP)数据

研究生公共汉语：初级读写/甄珍，陈蒙主编.—
济南：山东大学出版社，2021.9
ISBN 978-7-5607-7122-9

Ⅰ.①研… Ⅱ.①甄… ②陈… Ⅲ.①汉语—写作—研究生—入学考试—教材 Ⅳ.①H15

中国版本图书馆 CIP 数据核字(2021)第 167420 号

责任编辑　陈佳意
封面设计　牛　钧

出版发行　山东大学出版社
社　　址　山东省济南市山大南路 20 号
邮政编码　250100
发行热线　(0531)88363008
经　　销　新华书店
印　　刷　济南乾丰印刷有限公司
规　　格　889 毫米×1194 毫米　1/16
　　　　　7.5 印张　207 千字
版　　次　2021 年 9 月第 1 版
印　　次　2021 年 9 月第 1 次印刷
定　　价　40.00 元

出版说明

山东大学自1901年办学兴校伊始就以“立德树人，育人强国”为根本宗旨，始终将大学的命运与国家民族的命运紧紧联系在一起，为天下储人才、为国家图富强，引导学生通过求学成才，报效国家。山东大学是中国近代研究生教育理念与实践的起源性大学之一，是全国最早招收和培养研究生的高校之一，是中国研究生培养的重要基地。2020年，以“培养最具创造力的研究生”为目标，学校制定了首个研究生教育综合改革发展意见，研究生教育以“立德树人，服务需求”为鲜明旗帜，全面进入新时代，致力于铺就一流大学建设的“强校之路”。2021年，山东大学迎来120周年华诞，“百廿山大，强校兴国”，是10万多名山大研究生学子不变的初心使命。未来的研究生教育，将在山东大学“由大到强”的历史性转变中，在教育强国、人才强国、科技强国的理想奋斗中继续变强，为实现中华民族伟大复兴作出新的更大贡献！

课程体系优化和精品课程建设是人才培养质量的保障，深化研究生培养模式改革首要的就是要进一步优化学科课程设置。本丛书以公共课程智慧教学与研究为主题，聚焦研究生教育教学改革、创新研究生育人模式，从“教”与“研”两个视角对研究生公共课程教学进行深入思考，推进研究生公共课程多元化智慧教学创新改革，打造内容国际化、形式现代化、手段智慧化的优质研究生公共课程体系，促进研究生培养质量进一步提升。

本丛书的建设目标为：

一是打造国际化、世界一流的课程内容。公共课程创新计划旨在贯彻落实建设教育强国战略方针，探索新形势下研究生教育发展趋势，对标世界一流高校的先进经验和做法，引入最新的研究生课程教育教学理念，进一步提高研究生公共课课程教学质量。

二是打造现代化、多元化的全新课程形式。全面改革公共课程现有授课模式，对公共课教学的瓶颈问题进行针对性的梳理、总结，对多种在线教学模式进行比选融合，对课程知识点进行组合和重构，推进线上线下混合式教学，实现研究生公共课程体系现代化。

三是打造精品化、全面化的公共课教学体系。鼓励和倡导以公共课程设置创新为契机对智慧教学的规律、特点进行探索，对授课方式、授课内容、课程成绩评价体系进行全面更新，以跨学科公共课程体系为依托推进导师团队建设、学科交叉创新、科教产教融合。

本丛书将对深化研究生教育教学研究、推进研究生公共课程体系优化、提高研究生教材建设水平等有所裨益。

山东大学研究生院、党委研究生工作部
2021 年 9 月

编写说明

《研究生公共汉语——初级读写》教材是为来华攻读硕士或博士学位研究生所编写的一本初级汉语读写合一的教材，同时本教材也适用于长、短期进修生及海外汉语学习者。本教材实践“考教结合”的教学思路，生词、语言点和话题项目对标 HSK 三级考试大纲，适合零起点希望通过 HSK 考试三级的学习者使用。

本教材将阅读与写作紧密结合起来。语言输入是语言输出的前提。将写作科学、合理地融入阅读课中，读写结合，能提高学生汉语的应用能力。本教材阅读部分的词汇、语法等为写作提供语言图式，阅读的语篇为写作提供内容图式和结构图式，从而降低汉语学习者的写作难度。写作部分借鉴任务型及过程式写作教学的理念，为学生的写作过程提供明晰的写作步骤。

教材每课均涵盖阅读与写作两大部分，围绕一个话题展开。阅读部分由热身活动、课文与词汇、小词库、课后练习四部分组成。热身活动以学生掌握的词汇引导学生完成一个与本课话题相关的课前任务，旨在激发学习者对学习内容的兴趣，激活学习者的背景知识和相关词汇。每课编写两篇小短文供学习者阅读。短文后的生词学习不仅可以帮助学习者扫除阅读语言盲区；与课文后的小词库结合，还可以帮助学习者不断扩充同话题下的集合式词汇。课后练习形式多样，全面覆盖 HSK 三级阅读、写作考试题型，努力做到“所练即所考”。写作部分首先将写作拆解为一个个问题，要求学习者用所学语言结构进行回答，然后引导学习者将其答案整合为一篇习作。在表达形式上，尽可能增加写作的趣味性和互动性，降低学习者的写作难度。

本教材建议每课用 4 课时完成。前 2 课时完成阅读及练习部分，后 2 课时完成写作及写作讲评。如每周设计 4 课时读写课，本教材可供一学期(16 周)使用。

恳请广大师生在教材使用过程中提出宝贵意见。

作者

2021 年 9 月

CONTENTS

第一课　介绍自己

阅读部分
READING

热身活动 Warm-up

◆请给自己设计一张名片。

Design a name card for yourself.

照片 PHOTO	姓名： NAME
电话： TEL. 地址： ADDRESS 电子邮箱： E-mail	国家： NATIONALITY 大学： UNIVERSITY

 课文一 Text 1

我来介绍一下。

我姓金，叫金民浩。我是韩国人。我在山东大学学习汉语，是山东大学的留学生。我今年21岁。我住在留学生楼2201房间。我的电话是883628823。

我上午和下午有汉语课。晚上没有课，我在宿舍学习、休息。

认识你们很高兴。

 生词 Vocabulary

1.介绍	（动）	jièshào	to introduce
2.学习	（动）	xuéxí	to study
3.留学生	（名）	liúxuéshēng	international student
4.岁	（量）	suì	year (of age)
5.宿舍	（名）	sùshè	dormitory
6.休息	（动）	xiūxi	to have a rest
7.认识	（动）	rènshi	to know
8.高兴	（形）	gāoxìng	glad
9.韩国	（专名）	Hánguó	Korea

 课文二 Text 2

我叫本杰明，我是美国人。我今年32岁，我是研究生。现在我在中国学习汉语。没有课的时候，我在宿舍上网。我没有中国朋友，我想认识一个中国朋友。

我住在山大南路50号6号楼311房间。你们可以来我的房间玩儿。你们也可以给我发E-mail，我的E-mail是benjieming@163.com。你们还可以给我打电话，我的手机是12167890876。

很高兴认识你们。

生词 Vocabulary

1.美国	（专名）	Měiguó	the USA
2.研究生	（名）	yánjiūshēng	postgraduate student
3.上网	（动）	shàngwǎng	to be online
4.中国	（专名）	Zhōngguó	China
5.可以	（助动）	kěyǐ	can; be able to
6.发	（动）	fā	to send
7.电话	（名）	diànhuà	telephone
8.手机	（名）	shǒujī	cell phone

小词库 Supplementary Vocabulary

国家(nation)	中国、美国、韩国、日本、法国
人(people)	中国人、美国人、韩国人、日本人、法国人

练习 Exercises

一、连词组句 *Make sentences with the given words.*

1.我　　宿舍　　现在　　住在

____

2.打　　欢迎你　　电话　　给我

____

3.这　　手机　　是　　我的

____

4.学生　　她们　　中国　　是

____

5.房间　　玛丽　　在　　休息

____

6.很　　我　　你　　认识　　高兴

____

二、选词填空 *Choose the suitable words and fill in blanks.*

A.学习　B.高兴　C.朋友　D.发　E.手机　F.留学生

1.你可以给我(　　)E-mail。

2.我在中国(　　)汉语。

3.认识你我很(　　)。

4.我的(　　)是12115731471。

5.我不是中国人,我是(　　)。

6.凯文(Kevin)是我的(　　)。

三、读句子并判断正误 *Read the following sentences and mark True (T) or False(F).*

1.我叫本杰明,我是医生,我也是山东大学的研究生。

★本杰明不是学生。　　(　　)

2.我是留学生。我住在留学生楼3125房间。我没有电话。

★我的电话是3125。　　(　　)

3.我上午有汉语课,下午没有课,我在宿舍休息。

★我上午在宿舍休息。　　(　　)

四、会话配对 *Match the two parts of the dialogues.*

A.我在山东大学学习汉语。

B.你是哪国人？
C.我认识很多中国朋友。
D.我的手机是12189040483。
E.你多大了？

1.我今年22岁。 (　　)
2.我很欢迎中国朋友来我的房间玩儿。 (　　)
3.我是美国人。 (　　)
4.欢迎你给我打电话。 (　　)
5.我是山东大学的留学生。 (　　)

写作部分 WRITING

一、根据问题，描述你的个人信息。

Describe your personal information.

介绍你自己(Introducing Yourself)	
你叫什么名字？	我叫……：
你是哪国人？	我是……：
你今年多大？	我今年……：
你是研究生吗？	我是/不是：

介绍你自己(Introducing Yourself)	
你住在哪儿?	我住在……:
你的电话是多少?	我的电话是……:
你的 E-mail 是多少?	我的 E-mail 是……:

二、询问你的同学,然后填写下表。

Ask your classmates, then fill in the form.

个人信息(Personal Information)			
	同学 A	同学 B	同学 C
姓名 name			
国家 nationality			
年龄 age			
大学 university			
住址 address			
电话 tel.			
E-mail			

三、根据问题一、二，写一篇文章来介绍你自己。

According to Question 1& 2, write an essay to introduce yourself.

第二课 我的家庭

阅读部分 READING

热身活动 Warm-up

◇询问你的朋友，完成调查表格。

Ask your friends and complete the survey table.

家人 family members	年龄 age	工作 occupation	学校 school	专业 major
爷爷				
奶奶				
爸爸				
妈妈				

续表

家人 family members	年龄 age	工作 occupation	学校 school	专业 major
哥哥				
弟弟				
姐姐				
妹妹				

课文 Text

课文一 Text 1

我叫本杰明，是美国人。我家在美国的纽约。我家里有爷爷、奶奶、爸爸、妈妈、一个哥哥、一个妹妹、一个弟弟和我，一共八口人。我爱我的家庭。

我的爷爷八十三岁，他的身体很好。我的奶奶七十八岁，她喜欢做饭。我的爸爸是大学老师，他在学校教英语。我的妈妈是医生，她的工作很忙。我的哥哥是博士生，他的专业是法语研究。我的妹妹是高中生，她学习很好。我的弟弟是小学生，他喜欢和同学玩儿。我现在在中国学习汉语，是山东大学的研究生。

生词 Vocabulary

1.纽约	（专名）	Niŭyuē	New York
2.喜欢	（动）	xǐhuan	to like
3.教	（动）	jiāo	to teach
4.医生	（名）	yīshēng	doctor
5.博士生	（名）	bóshìshēng	doctoral student

6.法语	（名）	Fǎyǔ	French
7.研究	（动）	yánjiū	to do research
8.高中	（名）	gāozhōng	high school
9.小学	（名）	xiǎoxué	primary school

课文二　Text 2

昨天上课的时候，玛丽介绍说她是美国人，她的家里有爸爸、妈妈、两个哥哥、一个弟弟，还有一条狗。老师问玛丽家里有几口人。玛丽旁边的男生说："爸爸、妈妈、两个哥哥、一个弟弟，一共五口人。"同学们都说不对。玛丽后边的女生说："还没有加玛丽呢！"男生有点儿不好意思，说："对、对，还没有加玛丽。那玛丽家里有六口人。"同学们都说对，但是玛丽说不对，同学们觉得很奇怪。玛丽说："爸爸、妈妈、两个哥哥、一个弟弟和我，一共六口人。还有一条狗，一共七口人。"玛丽后边的男生说："狗不是人，不能算。""但它是我的家人。"玛丽说。

生词 Vocabulary

1.昨天	（名）	zuótiān	yesterday
2.加	（动）	jiā	to add
3.不好意思		bùhǎoyìsi	a bit ashamed of
4.觉得	（动）	juéde	to think；to feel
5.奇怪	（形）	qíguài	strange
6.狗	（名）	gǒu	dog
7.算	（动）	suàn	to count

小词库 Supplementary Vocabulary

国家(nation)	中国、美国、法国
语言(language)	汉语、法语、英语
家人(family member)	爷爷、奶奶、哥哥、弟弟、姐姐、妹妹
学校(school)	大学、高中、小学
学生(student)	博士生、大学生、高中生、小学生
职业(occupation)	老师、医生、商人

练习 Exercises

一、连词组句 *Make sentences with the given words.*

1.八十　　爷爷　　我　　岁

____

2.大学老师　　是　　爸爸　　他的

____

3.玩儿　　喜欢　　我　　和弟弟

____

4.觉得　　同学们　　奇怪　　很

____

5.人　　玛丽　　家里　　口　　有　　六

____

6.家人　　也　　狗　　是　　玛丽的

____

二、选词填空 *Choose the suitable words and fill in blanks.*

A.上课　B.介绍　C.旁边　D.不好意思　E.奇怪　F.算

1.真(　　　),我的小狗去哪儿了?

2.玛丽坐在大卫的(　　　)。

3.我来(　　　)一下,我叫凯文。

4.我们每天早上八点(　　　)。

5.狗能(　　　)你的家人吗?

6.(　　　),我说的不对。

三、读句子并判断正误 *Read the following sentences and mark True (T) or False (F).*

1.玛丽介绍说她是美国人,她的家里有爸爸、妈妈、两个哥哥、一个弟弟,还有一条狗。

★玛丽家里有四个男人。　　(　　　)

2.男生说玛丽家里有六口人。同学们都说对,但是玛丽说不对,同学们觉得很奇怪。

★同学们觉得玛丽家里有六口人。　　(　　　)

3.玛丽后边的男生说:"狗不是人,不能算。""但它是我的家人。"玛丽说。

★玛丽觉得狗不能算家人。　　(　　　)

四、会话配对 *Match the two parts of the dialogues.*

A.你家有几口人?

B.你妹妹是大学生吗?

C.你有弟弟吗?

D.你的专业是什么?

E.同学们都说玛丽家有六口人。

1.我有两个弟弟。 (　　)
2.但是玛丽说不对。 (　　)
3.我家有四口人。 (　　)
4.她是高中生。 (　　)
5.我的专业是汉语。 (　　)

写作部分 WRITING

一、根据问题,描述你的个人信息。

Describe your personal information.

个人信息(Personal Information)	
你叫什么名字?	我叫……:
你是哪国人?	我是……:
你家在哪儿?	我家在……:
你家里有谁?	我家里有……:
你家里有几口人?	

二、根据问题，描述你的家庭成员。

Describe your family members information.

家庭成员(Family Members)		
爷爷	多大年纪？身体怎么样？	我的爷爷……岁，身体……：
奶奶	多大年纪？喜欢做什么？	我的奶奶……岁，她喜欢……：
爸爸	爸爸的工作是什么？	我的爸爸是……，他在……+VP：
妈妈	妈妈的工作怎么样？	我的妈妈是……，她的工作很……：
哥哥	哥哥的专业是什么？	我的哥哥是……，他的专业是……：
姐姐	姐姐的专业是什么？	我的姐姐是……，她的专业是……：
弟弟	弟弟喜欢干什么？	我的弟弟是……，他喜欢……：
妹妹	妹妹学习怎么样？	我的妹妹是……，她学习很……：

三、根据问题一、二，写一篇文章来介绍你的家庭。

According to Question 1 & 2, write an essay to introduce your family.

第三课 我的学校

阅读部分 READING

热身活动 Warm-up

◇你的学校是什么样子的？请把下列词语的编号写在空白处，画一张校园简图。

What does your school look like? Please write the numbers of the following words in the blanket to draw a map of your campus.

1.超市 supermarket　　2.图书馆 library
3.运动场 sports groud　　4.教室 classroom
5.食堂 dining hall　　6.宿舍 dormitory

我的学校

课文一 Text 1

我来介绍一下我的学校——山东大学。

山东大学很大，也很漂亮。学校的前面是图书馆，学生们喜欢在那儿看书。图书馆的后边是教学楼。我们的教室在教学楼里面。教学楼的后边是食堂。食堂的东边是运动场，学生们在那儿踢足球、打篮球、跑步。食堂的西边有一个超市，超市里面有很多东西，也不太贵。我常常去那儿买东西。

我很喜欢我的学校，在这儿学习很有意思。

生词 Vocabulary

1.漂亮	(形)	piàoliang	pretty; beautiful
2.图书馆	(名)	túshūguǎn	library
3.教学楼	(名)	jiàoxuélóu	teaching building
4.教室	(名)	jiàoshì	classroom
5.食堂	(名)	shítáng	dining hall
6.运动场	(名)	yùndòngchǎng	playground
7.踢	(动)	tī	to kick; to play(football)
8.足球	(名)	zúqiú	football
9.打	(动)	dǎ	to play
10.篮球	(名)	lánqiú	basketball
11.跑步	(动)	pǎobù	to run
12.超市	(名)	chāoshì	supermarket

课文二 Text 2

留学生朋友们，欢迎你们来到山东大学！我来介绍一下你们的新学校。你们会喜欢这儿的。

你们都住在留学生宿舍。留学生宿舍又大又舒服，有单人间，也有双人间。每个房间都有卫生间，也都有空调。

学校里有一个很大的食堂，里面有很多饭菜。如果你不喜欢食堂的饭菜，没关系，学校的南门、北门旁边有很多饭馆。

超市离学校不远，在南门坐70路公共汽车就到，非常方便。

学校南门的对面有银行和邮局。如果不小心生病了，不要担心，医院离学校很近，就在北门的西边。

祝大家在山东大学生活愉快、学习顺利！

生词 Vocabulary

1.单人间	（名）	dānrénjiān	single room
2.双人间	（名）	shuāngrénjiān	double room
3.卫生间	（名）	wèishēngjiān	washroom
4.空调	（名）	kōngtiáo	air conditioner
5.饭馆	（名）	fànguǎn	restaurant
6.公共汽车	（名）	gōnggòngqìchē	bus
7.方便	（形）	fāngbiàn	convenient
8.银行	（名）	yínháng	bank
9.邮局	（名）	yóujú	post office

小词库 Supplementary Vocabulary

场所(location)	教学楼、宿舍楼、超市、图书馆、食堂、银行
运动(sports)	打篮球、踢足球、跑步

练习 Exercises

一、连词组句 *Make sentences with the given words.*

1.是　　教学楼　　图书馆　　前面　　的

____

2.踢足球　　同学们　　运动场　　在

____

3.一个　　后边　　运动场的　　有　　超市

____

4.舒服　　大　　又　　又　　留学生宿舍

____

5.近　　医院　　学校　　离　　很

____

6.每个　　空调　　都　　房间　　有

____

二、选词填空 *Choose the suitable words and fill in blanks.*

A.离　　B.打　　C.单人间　　D.银行　　E.方便　　F.公共汽车

1.超市不太远，你可以坐（　　　）去。

2.我没有钱了，我要去（　　　）。

3.学校有超市，很（　　　）。

4.我的宿舍是（　　　），我没有同屋。

5.教室（　　　）宿舍很近。

6.本杰明在运动场（　　　）篮球。

三、读句子并判断正误 *Read the following sentences and mark True (T) or False (F).*

1.图书馆在教学楼的前面，教学楼在宿舍楼的前面。

★ 宿舍楼在后面。　　　　　　（　　　）

2.学校的超市里有很多东西，也不太贵，我常常去那儿买东西。

★ 我常常去超市。　　　　　　（　　　）

3.医院离学校不远，就在北门的西边。

★ 医院离北门很远。　　　　　　（　　　）

四、会话配对 *Match the two parts of the dialogues.*

A.教学楼在哪儿？

B.我很喜欢我的学校。

C.超市里面有很多东西。

D.医院离学校不远。

E.我不喜欢食堂的饭菜。

1.里面的东西也不太贵。　　　　　　（　　　）

2.教学楼在图书馆的后边。　　　　　　（　　　）

3.没关系，学校旁边有很多饭馆。　　　　　　（　　　）

4.在学校南门坐17路公共汽车就到。　　　　　　（　　　）

5.在这儿学习很有意思。　　　　　　（　　　）

写作部分 WRITING

一、看地图，回答问题。

Look at the map ,answer the questions.

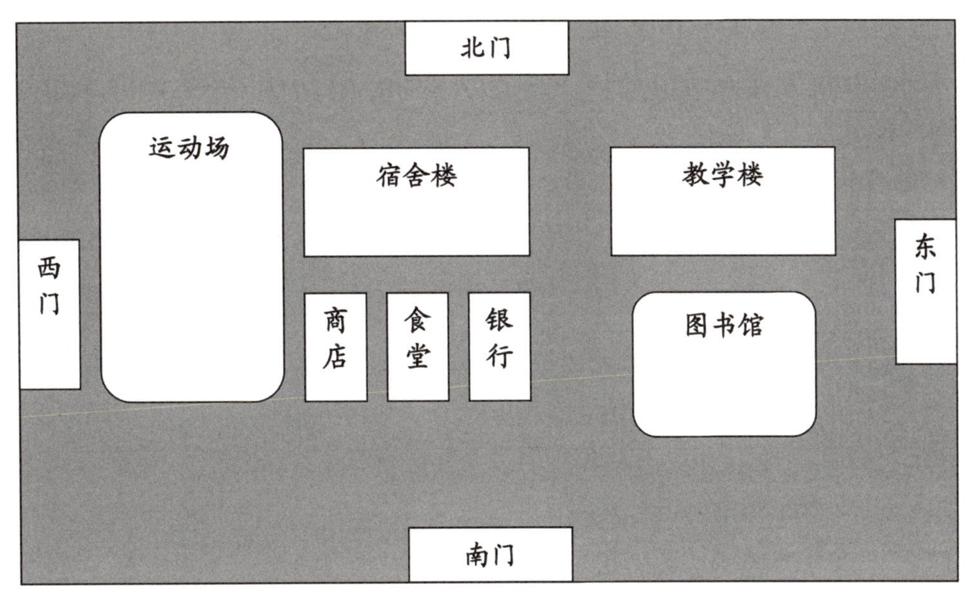

我的大学(My University)	
图书馆在哪儿?	A+在+B+的+(……)面/边:
教学楼在哪儿?	A+在+B+的+(……)面/边:
食堂在哪儿?	A+在+B+和+C+的+中间:
运动场在哪儿?	
大学里面有银行吗?	Location+(……)边/面+有……:
大学里面有邮局吗?	
运动场离宿舍楼远吗?	

二、根据问题一，写一篇文章来介绍你的学校。

According to Question 1, write an essay to introduce your school.

第四课 我的房间

阅读部分
READING

热身活动 Warm-up

◆你的房间是什么样子的？请把下列词语的编号写在空白处，并向朋友介绍你的房间。

What does your room look like? Please write the numbers of the words in the blanket according to your room, and introduce your room to your friends.

1.门 door　　2.书架 bookshelf

3.床 bed　　4.桌子 desk

5.窗子 window　　6.椅子 chair

我的房间

课文 Text

课文一　Text 1

我在山东大学学习汉语，住在留学生三号宿舍。我的房间号是1902。这里是我在中国的家。

我的房间不大也不小。门口放着我的鞋子和一个足球。房间里面有一张大床，我很喜欢我的床，因为我喜欢睡懒觉，特别是周末的时候。床的左边有两张桌子和一把椅子，一张桌子上放着电脑，一张桌子上放着电视。床的右边有一个衣橱，里面放着我的很多好看的衣服。衣橱的旁边还有一个大沙发。窗口有一个书架，上面有汉语书，也有英语书。

我的房间里有卫生间，24小时都有热水，洗澡很方便。

我很喜欢我的房间，不过一个人住有时候很无聊，我想有一个同屋，和我一起学习汉语、一起聊天儿、踢足球。欢迎你们来我的房间玩儿。

生词 Vocabulary

1.住	（动）	zhù	to live
2.放	（动）	fàng	to put
3.鞋子	（名）	xiézi	shoes
4.张	（量）	zhāng	a measure word for desks, beds...
5.衣橱	（名）	yīchú	clothes closet
6.沙发	（名）	shāfā	sofa
7.洗澡	（动）	xǐzǎo	to have a bath
8.无聊	（形）	wúliáo	boring
9.聊天	（动）	liáotiān	to chat

课文二　Text 2

我们一家四口住在法国的南部，我们的房子有七个房间，又干净又舒服。

一进门就是客厅，客厅很大，里面放着沙发、电视。我们一家人常常在这儿一边喝咖啡，一边聊天儿、看电视。

客厅旁边是两个卧室，父母的卧室比较大，我的卧室比较小。每个卧室都有卫生间。我的卧室里有床、桌子、椅子，还有一个很大的衣橱，里面放着漂亮的衣服。每天早上我都要想一想应该穿什么衣服，所以有时候上课会迟到。我喜欢看电影，墙上贴着很多电影明星的照片。

我的妈妈喜欢做饭，所以我们还有很棒的厨房和餐厅。

我现在在中国学习，住在学校宿舍里，我非常想念我的家。很想和家人们一起坐在沙发上喝咖啡。很想念妈妈做的饭。

生词 Vocabulary

1.客厅	（名）	kètīng	living room
2.卧室	（名）	wòshì	bedroom
3.迟到	（动）	chídào	to be late
4.墙	（名）	qiáng	wall
5.贴	（动）	tiē	to paste
6.明星	（名）	míngxīng	(film)star
7.厨房	（名）	chúfáng	kitchen
8.餐厅	（名）	cāntīng	dining room
9.想念	（动）	xiǎngniàn	to miss

小词库 Supplementary Vocabulary

家具(furniture)	床、桌子、椅子、衣橱、书架、沙发
房间(room)	客厅、卧室、厨房、餐厅、卫生间

练习 Exercises

一、连词组句 *Make sentences with the given words.*

1.一个　　着　　放　　门口　　足球

____

2.衣服　　好看的　　衣橱里　　放　　很多　　着

____

3.无聊　　一个人　　有时候　　住　　很

____

4.客厅　　我家　　进门　　一　　就是

____

5.着　　贴　　墙上　　照片　　家人的

____

6.坐在沙发上　　和家人　　一起　　喝咖啡　　我想

____

二、选词填空 *Choose the suitable words and fill in blanks.*

A.住　B.放　C.房间　D.鞋子　E.睡懒觉　F.方便

1.我平时早上七点起床,只有周末的时候才(　　　)。

2.小美是个爱漂亮的女生,她常常去商店买好看的(　　　)。

3.来中国以前,我一直(　　　)在日本。

4.学校里就有医院,看病很(　　　)。

5.下午我可以去你的(　　　)看看吗?

6.桌子上(　　　)着一本汉语书。

三、读句子并判断正误 *Read the following sentences and mark True (T) or False (F).*

1.一进门就是客厅，客厅很大，里面放着沙发、电视。

★客厅在沙发的外面。 （　　）

2.我们一家人常常在这儿一边喝咖啡，一边聊天儿、看电视。

★我们看电视的时候也喝咖啡。 （　　）

3.父母的卧室比较大，我的卧室比较小。每个卧室里都有卫生间。

★我的卧室比较小，所以没有卫生间。 （　　）

4.我的妈妈喜欢做饭，所以我们还有很棒的厨房和餐厅。

★妈妈常常在厨房里做饭。 （　　）

5.我现在在中国学习，住在学校宿舍里，我很想念妈妈做的饭。

★我很喜欢吃妈妈做的饭。 （　　）

四、会话配对 *Match the two parts of the dialogues.*

A.床的右边有一个衣橱，里面放着我的很多好看的衣服。

B.房间里有一张大床。

C.窗口有一个书架，上面有汉语书和英语书。

D.床的左边有两张桌子。

E.一个人有时候很无聊，我想有一个同屋。

1.和朋友一起玩很有意思，特别是一起踢足球。 （　　）

2.一张放着电脑，一张放着电视。 （　　）

3.没事的时候我喜欢阅读。 （　　）

4.我经常在上面睡懒觉。 （　　）

5.衣橱的旁边还有一个大沙发。 （　　）

写作部分
WRITING

一、画出你的房间，并回答问题。

Drawing a picture of your room and answer questions.

我的房间(My Room)	
1.基本介绍(General Introduction)	
你住在哪儿?	我住在……:
你的房间号是多少?	我的房间号是……:
2.房间描述(Room Describing)	
你的房间大吗?	我的房间……:
(1)门口	
门口有什么?	门口放着……:
(2)床	
床的左边有什么?	床的左边有……:
床的右边有什么?	床的右边有……:
床的对面有什么?	床的对面有……:
(3)桌子	
桌子上放着什么?	桌子上放着……:

续表

我的房间（My Room）	
桌子旁边放着什么？	桌子旁边放着……：
（4）衣橱	
衣橱里放着什么？	衣橱里放着……：
（5）窗口	
窗口有什么？	窗口有……：
（6）卫生间	
房间里有卫生间吗？	
卫生间有热水吗？	
3.你的想法（Your Thoughts）	
你喜欢你的房间吗？	
你有同屋吗？如果有，你们常常一起做什么？	我们常常一起＋V：
你有同屋吗？如果没有，你想找一个同屋吗？	
欢迎你们来我的房间玩儿！	

二、根据问题一，写一篇文章来描述你的房间。

According to Question 1, write an essay to describe your room.

第五课 我的一天

阅读部分 READING

◇请填上你今天的安排。

Please write your arrangements of today.

我的一天(One Day of Mine)	
7:00	起 床
8:30	
11:00	
14:30	
17:00	

续表

我的一天(One Day of Mine)	
20:00	
21:00	
23:30	睡　觉

课文 Text

课文一　Text 1

从星期一到星期五,我每天上午都有课。我早上七点起床,七点半在宿舍吃早饭,八点去教室上课。我很喜欢上汉语课。老师很好,同学们也很有意思。中午十一点四十我们下课。我和同学们一起去食堂吃午饭。下午有时候有课,有时候没有课,没有课的时候我在房间里做作业。下午四点我去运动,我有时候跑步,有时候打篮球。晚上六点吃晚饭。晚饭以后我上网或者写汉字。我十点半洗澡,十一点睡觉。

生词 Vocabulary

1.起床	(动)	qǐchuáng	to get up
2.有意思		yǒuyìsi	interesting
3.运动	(动)	yùndòng	to do sports
4.打篮球		dǎ lánqiú	to play basketball
5.睡觉	(动)	shuìjiào	to sleep

课文二 Text 2

2021 年 9 月 19 日　　星期天　　晴天

今天是星期天，天气很好。我早上九点半才起床。我先吃了点儿早饭，然后去商店买东西。下午两点，我和中国朋友李文一起去看电影。有的地方我听不懂，但是我觉得这个电影很有意思。

李文下午六点和同学们打篮球，他们都欢迎我参加。我太高兴了！因为我也很喜欢打篮球。更高兴的是，我认识了很多中国朋友。他们非常热情。我希望每个周末都跟他们一起玩儿。

晚上九点我给爸爸妈妈打了一个电话。告诉他们我很好，但是很想他们。今天真开心啊！

哎呀，我忘了写作业了，明天怎么办呢？

生词 Vocabulary

1.晴天	（名）	qíngtiān	sunny day
2.商店	（名）	shāngdiàn	shop
3.电影	（名）	diànyǐng	movie
4.懂	（动）	dǒng	to understand
5.参加	（动）	cānjiā	to take part in
6.热情	（形）	rèqíng	enthusiastic; warm
7.希望	（动）	xīwàng	to hope
8.忘	（动）	wàng	to forget

小词库 Supplementary Vocabulary

地方（place）	宿舍、教室、操场、商店
运动（sport）	跑步、打篮球、踢足球、打排球

活动(activity)	起床、洗脸、洗澡、睡觉
时间(time)	早上、上午、中午、下午
星期(week)	星期一、星期二、星期日

练习 Exercises

一、连词组句 *Make sentences with the given words.*

1.到星期五　有课　都　每天　从星期一

____

2.有课　没有课　下午　有时候　有时候

____

3.我看电视　上网　以后　晚饭　或者

____

4.起床　十二点　中午　才　我

____

5.电话　一个　妹妹　给　我　打了

____

6.先吃饭　我　然后　去　看书　图书馆

____

二、选词填空 *Choose the suitable words and fill in blanks.*

A.有意思　B.商店　C.希望　D.电影　E.打篮球　F.热情

1.学习汉语很(　　　)。

2.我常常去(　　　)买东西。

3.我的汉语老师非常(　　　)。

4.李文(　　　)有一个女朋友。

5.周末我和朋友们一起(　　　)。

6.我喜欢看中国(　　　)。

三、读句子并判断正误 *Read the following sentences and mark True (T) or False (F).*

1.玛丽和李文都喜欢运动。玛丽喜欢跑步,李文不喜欢跑步,他喜欢打篮球。

★ 玛丽喜欢打篮球。　　　　(　　　)

2.我喜欢和中国朋友一起去看电影。有的地方我听不懂,所以我的中国朋友帮助我。

★ 我不喜欢看中国电影。　　　　(　　　)

3.李文认识了很多新朋友,他们都很热情。李文喜欢和他们一起玩儿。

★ 李文的新朋友很热情。　　　　(　　　)

四、会话配对 *Match the two parts of the dialogues.*

A.我们中午12:00下课。

B.我非常喜欢运动。

C.星期四下午没有汉语课。

D.我看不懂中国电影。

E.我的同屋很热情。

1.他常常帮助我。　　　　(　　　)

2.每个周末我都去打篮球。　　　　(　　　)

3.我喜欢看美国电影。　　　　(　　　)

4.我和同学们一起去食堂吃午饭。　　　　(　　　)

5.我在宿舍写作业。　　　　(　　　)

写作部分
WRITING

一、询问一个同学，并填表。

Ask your classmate, then answer the questions.

同学的一天(One Day of My Classmate)	
你几点吃早饭？	我……点吃早饭：
你每天上几个小时的汉语课？	V+Time Duration+的+O：
你几点写作业？	
你几点睡觉？	
你每天睡多长时间的觉？	V+Time Duration+的+O：

二、介绍你昨天一天的活动。

Fill in the following table according to what you have done yesterday.

昨天的活动(Yesterday's Activity)			
时间	你在哪儿？	你在干什么？	Time+我+在+Place+VP
7:00	宿舍	吃早饭	早上七点我在宿舍吃早饭。

续表

昨天的活动(Yesterday's Activity)			
时间	你在哪儿?	你在干什么?	Time＋我＋在＋Place＋VP
10:00			
12:00			
15:00			
18:00			
21:00			
23:00			

三、根据问题一、二,写一篇文章来介绍你在中国的一天。

According to Question 1& 2, write an essay about your one day in China.

第六课 同学们的爱好

阅读部分 READING

热身活动 Warm-up

◆你的同学有什么爱好？请用“√”标出同学的爱好。

What hobbies do your friends have? Please use “√” to mark the hobbies of your friends.

同学们的爱好(My Classmates' Hobbies)					
	同学 A 姓名：	同学 B 姓名：	同学 C 姓名：	同学 D 姓名：	同学 E 姓名：
唱歌					
跳舞					
游泳					

续表

同学们的爱好(My Classmates' Hobbies)					
踢足球					
打篮球					
旅游					
看书					
看电影					
看电视					
聊天儿					

课文 Text

课文一 Text 1

在我们班，每个同学都有自己的爱好。有的同学的爱好很平常，有的同学的爱好很奇怪。

玛丽喜欢听歌、唱歌。她每天都要听一个小时的歌，中文歌、英文歌、快歌、慢歌她都喜欢听。她唱歌也唱得很好。她唱歌的时候好像是一个歌星。在去年学校的唱歌比赛中，她还得了冠军！

丽娜喜欢跳舞。她跳舞跳得很棒，每个周末她都要去酒吧跳舞。她和她的男朋友就是在酒吧跳舞的时候认识的。

喜欢运动的有大卫、杰克和库玛。大卫喜欢游泳，杰克喜欢踢足球，库玛喜欢打篮球。上个周末，大卫游了一个小时的泳，杰克踢了半天足球，库玛打了一天篮球。

还有的同学的爱好很奇怪。比如凯丝，她说她喜欢旅游的时候数路边的树、一口气喝完一瓶牛奶和睡觉前看星星，怎么样，有意思吧？

生词 Vocabulary

1.爱好	(名)	àihào	hobby
2.平常	(形)	píngcháng	common; ordinary
3.好像	(动)	hǎoxiàng	it seems...; to be like
4.歌星	(名)	gēxīng	pop star
5.得	(动)	dé	to gain
6.冠军	(名)	guànjūn	champion
7.数	(动)	shǔ	to count
8.树	(名)	shù	tree
9.牛奶	(名)	niúnǎi	milk
10.星星	(名)	xīngxing	star

课文二　Text 2

我的名字叫张文文，今年二十四岁，是山东大学中文专业的研究生。我喜欢看书。小时候，我最喜欢听妈妈讲书里的故事。现在，我可以自己读我喜欢的书。

我的爸爸妈妈都是大学老师，他们都喜欢看书、喜欢买书。所以我们家有很多书，比如汉语书、英语书、法语书、日语书……因为他们，我也很喜欢看书。每天我都要看两个小时的书。我对文学、历史方面的书很感兴趣，特别喜欢外国小说。可是英文书对我来说太难了，所以我只好读翻译的作品。

我最喜欢睡觉前看书，也喜欢坐车在回家的路上看书。有一次，我坐车的时候一直在看书，忘了下车，晚上九点才到家。

我喜欢看书。看书的时候，我能学到很多知识，懂得很多事情，这让我很快乐。

生词 Vocabulary

1.小时候	（名）	xiǎoshíhou	childhood
2.讲	（动）	jiǎng	to tell
3.故事	（名）	gùshi	story
4.感兴趣	（动）	gǎnxìngqù	to be interested in
5.外国	（名）	wàiguó	foreign country
6.小说	（名）	xiǎoshuō	novel
7.翻译	（动）	fānyì	to translate
8.作品	（名）	zuòpǐn	works
9.懂得	（动）	dǒngde	to understand
10.让	（动）	ràng	to let

小词库 Supplementary Vocabulary

爱好(hobby)	唱歌、跳舞、游泳、踢足球、打篮球、看书
运动(sport)	游泳、篮球、足球、排球
歌(song)	中文歌、英文歌、快歌、慢歌
书(book)	汉语书、英语书、文学书、历史书

练习 Exercises

一、连词组句 *Make sentences with the given words.*

1.一个小时的　　游　　我　　每天都　　泳

____

2.很棒　　丽娜　　跳舞　　跳　　得

____

3.冠军　　我在　　得了　　唱歌比赛中

____

4.运动　　我　　感兴趣　　很　　对

____

5.太难了　　对　　我　　英文书　　来说

____

6.快乐　　读书　　我　　让　　很

____

二、选词填空 *Choose the suitable words and fill in blanks.*

A.爱好　　B.平常　　C.比赛　　D.运动　　E.旅游　　F.数

1.大卫喜欢很多(　　　)，比如打篮球、踢足球。

2.你(　　　)一下儿这些书一共有多少本。

3.A：你有什么(　　　)？

　B：我喜欢唱歌、跳舞。

4.今天晚上学校有篮球(　　　)，咱们一起去看吧。

5.去年他去美国西部(　　　)了一个月，玩得很不错。

6.这件衣服太(　　　)了，看起来不像3000块的。

三、读句子并判断正误 *Read the following sentences and mark True (T) or False (F).*

1.中文歌、英文歌、快歌、慢歌玛丽都喜欢听。

　★玛丽不喜欢听英文歌。　　　　(　　　)

2.我对文学、历史方面的书很感兴趣，特别喜欢外国小说。

　★我喜欢读历史书。　　　　(　　　)

3.我最喜欢睡觉前看书，也喜欢坐车在回家的路上看书。

　★我最喜欢坐车的时候看书。　　　　(　　　)

四、会话配对 *Match the two parts of the dialogues.*

A.我们家有很多书。

B.我对文学书很感兴趣。

C.小时候，我最喜欢听妈妈讲书里的故事。

D.英文书对我来说太难了。

E.我坐车的时候一直在看书。

1.我特别喜欢看外国小说。 (　　)

2.所以我只好读翻译的作品。 (　　)

3.那一次忘了下车，晚上九点才到家。 (　　)

4.现在长大了可以自己看书了。 (　　)

5.比如说历史书、故事书。 (　　)

写作部分
WRITING

一、根据热身活动的调查，回答关于爱好的问题。

According to the survey in Warm-up, answer questions about hobbies.

同学们的爱好(My Classmates' Hobbies)	
1.基本介绍(General Introduction)	
每个同学都有自己的爱好吗？	
同学们的爱好怎么样？	有的同学的爱好是……，有的同学的爱好是……；

续表

同学们的爱好(My Classmates' Hobbies)	
2.介绍同学们的爱好(Introducing Students' Hobbies)	
(1)唱歌	
谁喜欢唱歌?	
他/她喜欢唱什么歌?	……他/她都喜欢唱:
他/她每天唱多长时间的歌?	V+Time Duration+O:
他/她唱歌唱得怎么样?	V+O+V+得+Complement:
(2)跳舞	
谁喜欢跳舞?	
他/她跳舞跳得怎么样?	V+O+V+得+Complement:
他/她常常去哪儿跳舞?	
(3)运动	
谁喜欢游泳?	
昨天(……)他/她游了多长时间的泳?	V+了+Time Duration+的+O:

续表

同学们的爱好(My Classmates' Hobbies)	
谁喜欢打篮球?	
昨天(……)他/她打了多长时间的篮球?	V+了+Time Duration+的+O:
谁喜欢踢足球?	
昨天(……)他/她踢了多长时间的足球?	V+了+Time Duration+的+O:

(4)看书

谁喜欢看书?	喜欢看书的有……:
他/她每天要看多长时间的书?	V+Time Duration+O:
他/她喜欢看什么书?	对……感兴趣:
他/她喜欢什么时候看书?	
3.奇怪的爱好(Strange Hobbies)	
谁的爱好很奇怪?	还有的同学爱好很奇怪,比如:
他/她有什么奇怪的爱好?	

二、根据问题一，写一篇文章来介绍同学们的爱好。

According to Question 1, write an essay to introduce students' hobbies.

第七课 吃中国菜

阅读部分
READING

热身活动 Warm-up

◇请给自己设计一个最营养健康的食谱。

Please design a healthy diet for yourself.

营养食谱(A Healthy Diet)					
	主食 main food	肉 meat	蔬菜 vegetable	水果 fruit	饮料 beverage
早饭					
午饭					
晚饭					

课文 Text

课文一 Text 1

来中国以前，我没吃过中国菜。刚来中国的时候，我很不喜欢吃中国菜，觉得中国菜不好吃，所以每天自己做饭。

现在我到中国两个多月了，我越来越喜欢吃中国菜了。学校旁边有一家饭馆，我有时候和同学们一起去吃饭。那儿的服务员又漂亮又热情。菜单上有照片，所以我们都能看懂。我们吃过西红柿炒鸡蛋、水煮鱼和酸辣土豆丝，又好吃又便宜。我还很喜欢吃北京烤鸭，可是太贵了！有时候我们喝几瓶啤酒，味道好极了！

现在我每天都吃中国菜，可是我有点儿担心，因为我越来越胖，有一天晚上，我梦见自己变成了一只胖胖的烤鸭！

我想我应该减肥了。

生词 Vocabulary

1.越来越		yuèláiyuè	more and more
2.服务员	（名）	fúwùyuán	waiter; waitress
3.菜单	（名）	càidān	menu
4.照片	（名）	zhàopiàn	photo
5.西红柿炒鸡蛋		xīhóngshì chǎo jīdàn	stir-fried eggs with tomato
6.水煮鱼		shuǐzhǔyú	fish filets in hot chili oil
7.酸辣土豆丝		suānlàtǔdòusī	chili and sour potato
8.烤鸭		kǎoyā	roast duck
9.啤酒	（名）	píjiǔ	beer
10.减肥	（动）	jiǎnféi	to lose weight

课文二　Text 2

来中国以前，我每天在家里吃饭。来中国以后，我没有太多时间，不能自己做饭；我也没有很多钱，不能常常去饭馆。怎么办呢？没关系，我去食堂吃饭。

山东大学有一个很大的食堂。这个食堂很干净，也很舒服。

食堂里面有很多吃的东西。主食有米饭、面包、面条和饺子。还有很多肉：猪肉、牛肉、羊肉、鱼。如果你不喜欢吃肉，那么也有蔬菜和水果。食堂的饭菜比饭馆的便宜多了。现在我每天都在食堂吃饭。我还在食堂认识了不少新朋友呢！

我的美国同学吉姆不喜欢食堂。他说食堂的菜没有饭馆的那么好吃，而且中午吃饭的时候人太多了。吉姆最喜欢的是麦当劳和肯德基。

生词 Vocabulary

1.主食	（名）	zhǔshí	main food
2.饺子	（名）	jiǎozi	dumplings
3.肉	（名）	ròu	meat
4.蔬菜	（名）	shūcài	vegetable
5.水果	（名）	shuǐguǒ	fruit
6.比	（介）	bǐ	than
7.麦当劳	（名）	Màidāngláo	Mcdonald's
8.肯德基	（名）	Kěndéjī	KFC

小词库 Supplementary Vocabulary

主食（main food）	米饭、面包、面条、饺子
肉（meat）	猪肉、牛肉、羊肉、鸡肉

蔬菜(vegetable)	西红柿、西兰花、土豆、茄子、黄瓜
水果(fruit)	苹果、西瓜、梨、芒果、桃
饮料(drink)	牛奶、啤酒、果汁、酸奶、咖啡
菜名(dish)	西红柿炒鸡蛋、水煮鱼、酸辣土豆丝

练习 Exercises

一、连词组句 *Make sentences with the given words.*

1. 没　　中国菜　　玛丽　　吃过

____

2.吃中国菜　　喜欢　　越来越　　玛丽　　了

____

3.懂　　能　　我　　菜单　　看

____

4.多了　　比　　饭馆的　　食堂的饭菜　　便宜

____

5.食堂的饭菜　　饭馆的　　没有　　好吃　　那么

____

6.如果　　那么　　你不喜欢肉　　也有　　蔬菜

____

二、选词填空 *Choose the suitable words and fill in blanks.*

A.好吃　　B.水果　　C.越来越　　D.漂亮　　E.便宜　　F.钱

1.我的汉语老师很热情,也很(　　　)。

2.我是学生,没有很多(　　　)。

3.妈妈做的菜很(　　　)。
4.我现在(　　　)喜欢吃中国菜了。
5.食堂的菜比饭馆的(　　　)。
6.吃太多肉不好,得多吃(　　　)。

三、读句子并判断正误 *Read the following sentences and mark True (T) or False (F).*

1.玛丽的同屋喜欢吃中国菜,可是玛丽不喜欢,玛丽每天都吃麦当劳。

★玛丽不喜欢吃麦当劳。　　(　　)

2.饭馆的菜好吃,但是很贵;食堂的菜不贵,但是不好吃。

★饭馆的菜不好吃。　　(　　)

3.吉姆觉得中国菜很好吃,他有时候去食堂吃,有时候去饭馆吃,还有时候自己做中国菜吃。

★吉姆会做中国菜。　　(　　)

4.刚来中国的时候,本杰明不喜欢吃中国菜,现在他越来越喜欢吃中国菜了。

★本杰明现在很喜欢吃中国菜。　　(　　)

5.食堂里有羊肉、牛肉、猪肉、鸡肉,也有很多水果,可是没有咖啡。

★食堂里有很多咖啡。　　(　　)

四、会话配对 *Match the two parts of the dialogues.*

A.我们学校有一个很大的食堂。
B.我们学校的食堂里有很多水果。
C.我每天都吃很多肉。
D.我是学生,没有很多钱。
E.同屋很不喜欢吃中国菜。

1.我不能每天都去饭馆吃饭。　　(　　)
2.他每天都吃麦当劳。　　(　　)
3.食堂里有很多好吃的饭菜。　　(　　)
4.我现在越来越胖。　　(　　)
5.我每天都买一个苹果。　　(　　)

写作部分
WRITING

一、介绍一下你的一日三餐。

Introduce your meals in one day.

	早饭	午饭	晚饭
什么时候吃?			
在哪儿吃?			
和谁一起吃?			
吃什么?			
喝什么?			
一共花多少钱?			

二、询问你的同学们,然后回答问题。

Ask your classmates and answer the following questions.

在中国吃饭(Eating in China)	
谁常常自己做饭?	
谁常常去食堂吃饭?	
谁常常去饭馆吃饭?	

续表

在中国吃饭(Eating in China)	
1.自己做饭	
他/她在哪儿做饭?	
他/她会做哪国菜?	
他/她做饭做得怎么样?	V+O+V+得+Complement:
他/她为什么自己做饭?	A+比+B+adj.: B+没有+A+(那么)+adj.:
2.去食堂吃饭	
学校食堂里面有什么?	比如:
他/她为什么去食堂吃饭?	A+比+B+adj.: B+没有+A+(那么)+adj.:
3.去饭馆吃饭	
他/她去哪家饭馆吃饭?	
那家饭馆在哪儿?	A 在 B 的(旁边、东边……):
那家饭馆的菜怎么样?	
最好吃的菜是什么?	

三、根据问题一、二，写一篇文章来介绍你留学生活中的饮食问题。

According to Question 1& 2, write an essay to introduce your bite and sup in China.

第八课 购物

阅读部分
READING

◆请用"√"标出你想买的东西，完成购物单。

Please use "√" to mark what you want to buy and complete the shopping list.

购物单(Shopping List)					
食品 food	蔬菜	大米	牛奶	鸡蛋	
肉 meat	猪肉	牛肉	羊肉	鸡肉	鱼
水果 fruit	苹果	橘子	西瓜	香蕉	

续表

购物单(Shopping List)					
饮料 beverage	纯净水	茶	咖啡		
日用品 daily utensil	洗发水	毛巾	杯子		
衣服 clothes	外套	毛衣	衬衫	裤子	裙子

课文一 Text 1

昨天我和朋友打车去商场买东西。我要买食品,她要买衣服。到商场以后,我们先去了商场的超市买食品,然后我和朋友一起去买衣服。

在超市里,我买了很多好吃的东西。有早饭吃的牛奶和面包,做午饭、晚饭用的大米、鸡蛋、蔬菜和肉。我的朋友是日本人,她说鱼很好吃,我可以买一点儿。可是我更喜欢吃羊肉,再说,鱼比羊肉贵一点儿,所以我买了两斤羊肉。我还特别喜欢吃水果,我买了六个苹果、一串香蕉和一个大西瓜。对了,还有我上次来超市没有买到的美国咖啡。我买了一个星期要吃的东西,一共花了三百块钱。

然后我们一起去买衣服。冬天快到了,我的朋友要买一件外套。我们逛了很长时间。我发现有一件白色的外套很漂亮,可是朋友说白色的外套容易脏,不好洗。最后,她花八百块钱买了一件黑色的外套。我本来不想买衣服,可是我看中了一条蓝色的裤子。我又花三百块钱买下了这条裤子。

逛了一天的商店,真累!回宿舍以后,我们很快就睡着了。

生词 Vocabulary

1.食品	（名）	shípǐn	food
2.用	（动）	yòng	to use
3.再说		zàishuō	what's more
4.串	（量）	chuàn	bunch
5.外套	（名）	wàitào	overcoat
6.本来	（副）	běnlái	at first; originally
7.裤子	（名）	kùzi	pants

课文二 Text 2

昨天我去超市买洗发水。超市里人特别多，也很挤。我走了很长时间才到卖洗发水的地方。洗发水有很多种，我不太认识汉字，不知道要买哪一种。旁边的服务员问我喜欢什么味道的，喜欢什么颜色的。因为我汉语不太好，所以说得很慢，也不知道怎么回答服务员的问题，我特别着急。我旁边的一个穿红衣服的女孩不太高兴，我觉得她也想问服务员哪一种洗发水比较好。因为服务员一直在和我说话，没有时间回答她的问题。

服务员又问我："小姐，您多长时间洗一次头发？洗发水您喜欢苹果味儿的还是西瓜味儿的？您以前用什么样的洗发水？"这些问题我都不会回答。旁边的红衣服女孩看起来有点儿着急。

我很不好意思。我说："小姐，对不起，我自己看看吧。"服务员也没有别的办法，就走了。这时候，红衣服女孩过来，给我一瓶洗发水，她说："小姐，您好，这种洗发水您喜欢吗？"

啊？是这样！红衣服女孩也是服务员！

生词 Vocabulary

1.洗发水	（名）	xǐfàshuǐ	shampoo
2.味道	（名）	wèidào	taste; odor

3.因为	（连）	yīnwèi	because
4.回答	（动）	huídá	to answer
5.问题	（名）	wèntí	question
6.着急	（形）	zháojí	anxious
7.穿	（动）	chuān	to wear
8.头发	（名）	tóufa	hair

小词库 Supplementary Vocabulary

食品(food)	蔬菜、大米、牛奶、鸡蛋
肉(meat)	猪肉、牛肉、羊肉、鸡肉、鱼
水果(fruit)	苹果、香蕉、橘子、西瓜
饮料(beverage)	纯净水、茶、咖啡、汽水儿
日用品(daily utensil)	洗发水、毛巾、杯子
衣服(clothes)	外套、毛衣、衬衫、裤子、裙子

练习 Exercises

一、排列顺序 *Make the right order for the following sentences.*

1.A.我打车去商场
B.然后买衣服
C.我先买吃的东西　　　　(　　　)

2.A.可是鱼肉太贵了

B.朋友让我买鱼
C.我买了几斤羊肉 (　　)

3.A.一回家就睡觉了
B.太累了
C.我逛了一天的街 (　　)

4.A.听不懂她的问题
B.我汉语不太好
C.所以我很着急 (　　)

5.A.不知道买哪种
B.可是我不认识汉字
C.超市里有很多牛奶 (　　)

6.A.我汉语不太好
B.所以她来帮助我
C.服务员很热情 (　　)

二、选词填空 *Choose the suitable words and fill in blanks.*

A.牛奶　B.西瓜　C.发现　D.容易　E.裤子　F.花

1.你不说我还没有(　　)她今天穿了一件特别漂亮的外套。
2.买这双鞋整整(　　)了我一千块钱。
3.这条(　　)太瘦了,我穿着不合适。
4.我每天早饭都要喝一瓶(　　)。
5.白色的毛衣(　　)脏,不好洗。
6.夏天多吃(　　)多喝水对身体很有好处。

三、读句子并判断正误 *Read the following sentences and mark True (T) or False (F).*

1.昨天我去超市买洗发水,我走了很长时间才到卖洗发水的地方。
★ 卖洗发水的地方比较远。 (　　)
2.旁边的服务员问我喜欢什么味道、什么颜色的洗发水。
★ 我让服务员回答问题。 (　　)

3.服务员一直在和我说话，没有时间回答穿红衣服的女孩儿的问题。

★ 服务员一直很忙。 (   )

4.服务员又问我："小姐，您多长时间洗一次头发？"这个问题我也不会回答。

★ 服务员问我洗一次头发需要多长时间。 (   )

5.我很不好意思。我说："小姐，对不起，我自己看看吧。"

★ 我不想再和服务员说话了。 (   )

四、会话配对 *Match the two parts of the dialogues.*

A.我的汉语不太好，也不太认识汉字。

B.我旁边的一个穿红衣服的女孩不太高兴，她看起来很着急。

C.你喜欢什么味道的洗发水？

D.红衣服女孩问我："小姐，您好，这种洗发水您喜欢吗？"

E.啊？是这样！红衣服女孩也是服务员！

1.是苹果味儿的还是西瓜味儿的？ (   )

2.她有点儿生气了。 (   )

3.我现在才明白。 (   )

4.所以我不知道怎么回答服务员的问题。 (   )

5.然后她给了我一瓶洗发水。 (   )

写作部分 WRITING

一、根据你的购物单，回答问题。

Answer questions according to your shopping list.

购物(Shopping)	
1.基本介绍(General Introduction)	
你/你们要买什么？	

续表

购物(Shopping)	
你/你们先买了什么,然后又买了什么?	先……,然后……:
2.具体介绍所买的东西(Introducing Shopping in Details)	
(1)食品	
你/你们买了什么食品?	买了很多好吃的,有早饭吃的……,做午饭、晚饭用的……:
(2)肉	
买了哪种肉?	
为什么买这种肉,不买别的肉?	更;A 比 B+adj+(多了/一点儿):
(3)水果	
买了什么水果?每种有多少?	V+了+Num+MW+O:
(4)饮料	
买了什么饮料?每种有多少?	V+了+Num+MW+O:
(5)衣服	
你/你们要买什么衣服?为什么?	要+V:
为什么买/不买白色的衣服?	

续表

购物(Shopping)	
你的朋友买了一件什么颜色的什么衣服？花了多少钱？	S＋花了……＋买了＋Num＋MW＋O：
你喜欢什么衣服？	看中：
你买了一件什么颜色的什么衣服？花了多少钱？	S＋花了……＋买了＋Num＋MW＋O：
3.你的想法(Your Thoughts)	
逛了一天商店，累吗？	
逛了一天商店，高兴吗？	
别的想法	

二、根据问题一，写一篇文章来介绍购物的经历。

According to Question 1, write an essay to introduce experience of shopping.

第九课 看病

阅读部分 READING

热身活动 Warm-up

◆如果你感冒了，你要做什么？请排列顺序。

If you catch a cold, what should you do? Please make the right order of the following words.

(　　)看医生	(　　)测体温
(　　)吃药	(　　)拿药
(　　)去医院	(　　)挂号

课文 Text

课文一 Text 1

查理今天没去上课，他生病了。昨天下午打篮球的时候下大雨了，他没带伞，所以昨天晚上他发烧了。今天早上他去医院看病。他是自己去医院的。

到了医院，查理先来到挂号处。挂号处前人很多，查理排了十分钟的队。挂完号，查理来到急诊室。医生问查理哪儿不舒服，查理说他咳嗽、头疼，还觉得有点儿冷。试了试体温，三十八度。医生看了看查理的嗓子，让他去化验。做完化验以后，查理回到急诊室，医生说查理得了重感冒，给他打了针、开了药，还让查理休息两天。

下午，查理的同学们到宿舍看查理，他正在睡觉呢。同学们给查理买了很多好吃的水果，查理很高兴。查理说他明天就可以去上课了。

生词 Vocabulary

1.生病	（动）	shēngbìng	to be ill
2.发烧	（动）	fāshāo	to have a fever
3.医院	（名）	yīyuàn	hospital
4.挂号	（动）	guàhào	to register(in hospital)
5.急诊室	（名）	jízhěnshì	emergency room
6.咳嗽	（动）	késou	to cough
7.头疼		tóuténg	to have a headache
8.体温	（名）	tǐwēn	body temperature
9.化验	（动）	huàyàn	to do medical test
10.打针	（动）	dǎzhēn	to give or take an injection
11.药	（名）	yào	medicine

课文二　Text 2

中国古代有一个很有名的医生，叫扁鹊。有一次，他去见国王。在旁边看了一会儿，他说："您有病了，现在病在皮肤上，得快点儿看病！"国王听了笑笑，说："我没有病。"扁鹊走后，国王说："医生都喜欢给没有病的人看病！"

十天以后，扁鹊又去见国王，他说国王的病已经到肌肉里了，国王不相信。扁鹊走后，国王很不高兴。

过了十天，扁鹊又去见国王，说："您的病已经到肠胃里了，一定要马上看病。"可是国王还是不相信他。

又过了十天，扁鹊去见国王时，看了看他，马上就走了。国王觉得很奇怪，让人去问扁鹊。扁鹊说："病在皮肤、肌肉、肠胃，都有药，可是病如果到了骨髓里，怎么办呢？现在国王的病已经到了骨髓，我也没有办法了。"

五天以后，国王身体特别疼，马上让人去请扁鹊。可是扁鹊已经去了别的国家。

国王很快就死了。

生词 Vocabulary

1.古代	（名）	gǔdài	ancient times
2.扁鹊	（人名）	BiǎnQuè	Bian Que, a person's name
3.国王	（名）	guówáng	the king
4.皮肤	（名）	pífū	skin
5.肌肉	（名）	jīròu	muscle
6.相信	（动）	xiāngxìn	to believe; to trust
7.肠	（名）	cháng	intestine
8.胃	（名）	wèi	stomach
9.骨髓	（名）	gǔsuǐ	bone marrow

小词库 Supplementary Vocabulary

病症(symptom)	感冒、头疼、发烧、咳嗽、胃疼
医院科室(section office in hospital)	挂号处、急诊室、化验室、药房、病房

练习 Exercises

一、排列顺序 *Make the right order for the following sentences.*

1. A.医生在给弟弟打针
   B.弟弟病了
   C.非常疼　　　　　　　　　　　　　　　　（　　　　）

2. A.他们在排队
   B.这家医院很有名
   C.挂号处有很多人　　　　　　　　　　　　（　　　　）

3. A.玛丽最近太累了
   B.得了感冒
   C.医生让她好好休息　　　　　　　　　　　（　　　　）

4. A.她在化验室工作
   B.是医生
   C.姐姐比我大三岁　　　　　　　　　　　　（　　　　）

5. A.我感冒了
   B.很不舒服
   C.这几天发烧、咳嗽　　　　　　　　　　　（　　　　）

6.A.妹妹生病了
B.医生给她开了药
C.让她多休息 （ ）

二、选词填空 *Choose the suitable words and fill in blanks.*

A.有名 B.相信 C.医院 D.感冒 E.看病 F.药

1.国王不（ ）扁鹊的话。

2.昨天下雨，我没有伞，我（ ）了。

3.听说你病了，（ ）了吗？

4.我觉得不舒服，所以吃了一点儿（ ）。

5.扁鹊是一位很（ ）的医生。

6.我是医生，在（ ）工作。

三、读句子并判断正误 *Read the following sentences and mark True (T) or False (F).*

1.扁鹊说国王病了，国王觉得医生都喜欢给没有病的人看病。
★国王觉得自己没有病。 （ ）

2.医生说李文感冒了，得打针，还得吃药，应该在宿舍休息两天。
★李文明天可能不来上课。 （ ）

3.查理病了，在宿舍休息，不能去上课。今天玛丽去宿舍看查理，查理很高兴。
★查理因为不上课，所以很高兴。 （ ）

4.昨天下午下了很大的雨，李文和查理都没带伞，李文感冒了，查理没感冒。
★李文和查理都感冒了。 （ ）

5.扁鹊说国王的病现在已经到了骨髓，谁还有办法呢？
★扁鹊有办法给国王看病。 （ ）

四、会话配对 *Match the two parts of the dialogues.*

A.国王觉得身上特别疼，马上让人找扁鹊。

B.医生问我哪儿不舒服。
C.国王不相信扁鹊的话。
D.国王的病已经到了骨髓。
E.昨天医生给我打了针，开了药。

1.国王说："医生喜欢给没有病的人看病。" (　　)
2.医生让我休息两天。 (　　)
3.扁鹊已经去了别的国家。 (　　)
4.我说我发烧、头疼、咳嗽。 (　　)
5.扁鹊也没有办法了。 (　　)

写作部分
WRITING

一、回答问题。

Answer the questions.

一次看病的经历(An Experience of Seeing a Doctor)	
来中国以后，你生过病吗？	V+过：
你生过几次病？	V+过+Num+MW+O：
你是在哪儿看的病？	是……的：

续表

一次看病的经历(An Experience of Seeing a Doctor)	
医院离学校远不远?	A+离+B+(很/非常/不/不太)+远/近:
你排了多长时间的队?	V+了+Time Duration+的+O:
医生说了什么?	
医生做了什么?	
从医院回来以后,你做什么了?	

二、根据问题一,写一篇文章来介绍你一次看病的经历。

According to Question 1, write an essay to introduce an experience in the hospital about yourself.

第十课 一封信

阅读部分 READING

热身活动 Warm-up

◇下面是信封的两种写法，哪一个对？

Here are two ways to write an envelope in Chinese, which one is correct?

A

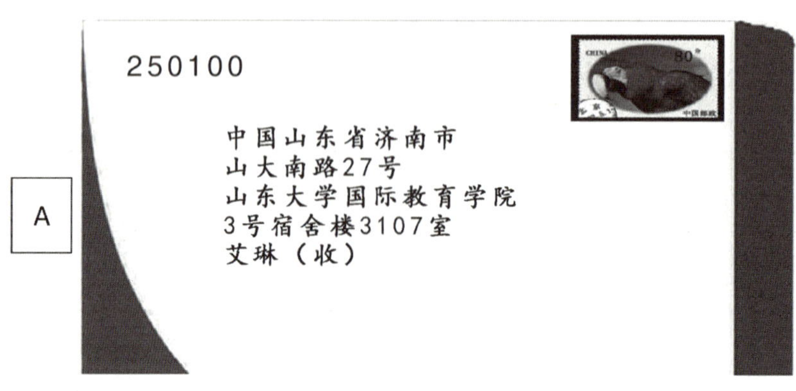

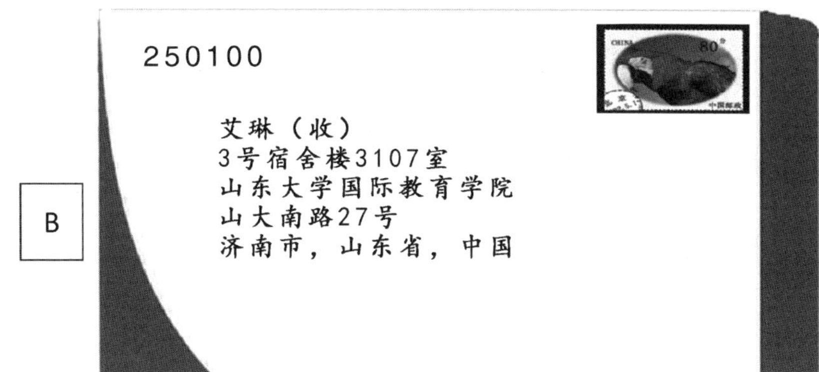

◇请将 A—E 放在信中合适的空白处。

Please put A-E to the suitable place in the letter.

A.您的学生：大卫

B.2021 年 9 月 8 日

C.祝您身体健康，一切顺利

D.亲爱的王老师

E.您好

课文一 Text 1

莉莉：

你好！

听说你明年要来山东大学读研究生，太好了！我们又可以每天见面了！你说你有点儿担心在中国的生活。以前我和你一样，觉得中国很远，汉语很难。可是现在，我真的爱上中国了！

我每天读课文、写汉字，我发现其实汉语不难。原来我上课一点儿也听不懂，现在我已经能听懂老师大部分的话了。所以只要努力学习，就一定能学好汉语。

中国人也很热情，他们愿意跟外国人交朋友，我的中国朋友常常请我去他家里做客。

在这儿的生活也很方便，学校附近有很多饭馆，饭菜好吃极了，而且没有美国的那么贵。除了中国菜以外，你也能吃到韩国菜、日本菜、意大利菜等等。超市离学校也不远，走路或者坐公共汽车去都可以。还有一件事，你听了以后一定会很高兴，在中国买衣服很便宜！我已经买了很多漂亮的衣服，还有一件旗袍。

你不用带很多行李，等你来了以后，我带你去好玩儿的地方，吃好吃的菜！

祝你身体健康，一切顺利！

爱你的艾琳

2020 年 12 月 12 日

生词 Vocabulary

1.担心	（动）	dānxīn	to worry about
2.其实	（副）	qíshí	actually

3.原来	（名）	yuánlái	at first
4.只要	（连）	zhǐyào	as long as
5.愿意	（动）	yuànyì	to be willing to
6.附近	（名）	fùjìn	nearby
7.除了	（介）	chúle	besides
8.等等	（助）	děngděng	and so on
9.旗袍	（名）	qípáo	Chinese-styled long gown
10.一切	（名）	yíqiè	everything

课文二 Text 2

来中国以前，妈妈说："如果你想家的话，就给我们写信吧。"

时间过得真快，我来中国已经半年了。刚到中国的时候，我觉得什么都很新鲜，都很有意思。我每个周末都和朋友一起去不同的地方玩儿，所以没有时间给妈妈写信。后来，我们的课文越来越长，作业越来越多，我每天都很累，当然更没有时间给妈妈写信了。

今天下午，我收到了妈妈的一封信，信上说：

亲爱的女儿：

你好吗？

我和爸爸身体都很健康，小狗也很好。我们的家和以前一样，没有变化。可是，我有时候觉得家里太安静了。你在那么远的国家，你的生活怎么样呢？我们都很想了解你的生活。爸爸工作还是很忙，可是他每天都要看关于中国的新闻。

……

你一定要好好照顾自己，不要生病。

爱你的妈妈

看着妈妈的信，我突然觉得很想家，想爸爸妈妈，也想我可爱的小狗。晚上我给妈妈写了一封回信：亲爱的妈妈，济南下雪了，漂亮极了……

生词 Vocabulary

1.新鲜	(形)	xīnxiān	fresh
2.后来	(名)	hòulái	later on
3.变化	(动)	biànhuà	to change
4.安静	(形)	ānjìng	quiet
5.了解	(动)	liǎojiě	to know it well
6.关于	(介)	guānyú	about
7.新闻	(名)	xīnwén	news
8.照顾	(动)	zhàogù	to take care of

小词库 Supplementary Vocabulary

信(letter)	写信、回信、寄信、收信、信封
学汉语(learning Chinese)	读课文、写汉字、听录音、背生词
中国生活(life in China)	学习、交友、娱乐、旅行、网购、外卖

练习 Exercises

一、排列顺序 *Make the right order for the following sentences.*

1.A.就给我们写信吧
B.如果你想家的话
C.我们等着你的来信 (　　　)

2.A.现在我的作业越来越多

B.每天我都要写三个小时
C.才能完成 (   )

3.A.信上说她去北京旅行了
B.今天上午在宿舍的时候
C.我收到了妈妈的一封信 (   )

4.A.可是她每天都要看关于中国的新闻
B.姐姐的工作很忙
C.努力学习汉语 (   )

5.A.队员们的眼睛湿润了
B.经过两个小时的努力
C.比赛还是打输了 (   )

6.A.昨天北京下雪了
B.风景漂亮极了
C.这是我第一次看到雪景 (   )

二、选词填空 *Choose the suitable words and fill in blanks.*

A.担心　B.其实　C.愿意　D.做客　E.等等　F.一切

1.我很(   )陪你去商店,可是我今天真的没空。
2.我喜欢读外国故事,比如美国故事、日本故事、法国故事(   )。
3.都这么晚了,孩子一个人回家我还真有些(   )。
4.祝你身体健康,(   )顺利。
5.只要努力学习,汉语(   )不难。
6.慢走,欢迎你常常来我家(   )。

三、读句子并判断正误 *Read the following sentences and mark True (T) or False (F).*

1.莉莉,听说你明年要来山东大学学习汉语,太好了!我们又可以每天见面了!

★现在我们可以每天见面。 (　　)

2.原来我上课一点儿也听不懂,现在我已经能听懂老师大部分的话了。

★以前我不能明白老师讲的课。 (　　)

3.在中国生活也很方便,学校附近有很多饭馆,走路或者坐公共汽车去都可以。

★饭店离学校不算远。 (　　)

4.除了中国菜以外,我还喜欢吃韩国菜、日本菜和泰国菜。

★我只是不喜欢吃中国菜。 (　　)

5.莉莉你不用带很多行李,等你来了中国以后,我带你去好玩儿的地方,吃好吃的菜!

★莉莉已经在中国了。 (　　)

四、会话配对 *Match the two parts of the dialogues.*

A.刚来中国的时候,我一句汉语也不会说。

B.妈妈和爸爸的身体一直都很健康。

C.大卫出国五年了,他在美国的房间和原来一样。

D.你在中国过得怎么样? 一切都好吗?

E.我突然觉得很想家,想爸爸妈妈,也想我可爱的小狗。

1.我想赶快回国。 (　　)

2.可是我觉得一切都很新鲜。 (　　)

3.他的家一点儿变化也没有。 (　　)

4.我的父母很少去医院看医生。 (　　)

5.我们很想了解你在中国的生活。 (　　)

写作部分
WRITING

一、根据你在中国的生活,回答问题。

Answer questions according to your life in China.

我在中国的生活(My Life in China)	

1.基本介绍(General Introduction)

刚来中国的时候,你觉得中国怎么样?	
刚来中国的时候,你觉得汉语怎么样?	
刚来中国的时候,你觉得中国人怎么样?	
现在,你喜欢中国吗?	爱上:

2.具体介绍中国的生活(Introducing Life in China in Details)

(1)学习情况

你每天怎么学习汉语?	上课、背课文、写作业、看电视……:
上课你能听懂吗?	原来……,现在……:
你能学好汉语吗?	只要……,就能……:

(2)交友情况

在中国,你的朋友多吗?	

续表

我在中国的生活(My Life in China)	
你的朋友来自哪些国家?	
你的中国朋友怎么样?	热情、做客:

(3)生活情况

中国的饭馆多吗?远吗?	附近:
中国菜怎么样?	A没有B那么+adj:
在中国,你能吃到哪些种类的菜?	除了……以外,S+也/还……:
超市远吗?可以怎么去?	或者:
还有什么让你的中国生活很高兴、舒服?	

3.你的想法(Your Thoughts)

总体来说,在中国的生活怎么样?	

二、根据问题一，给你的朋友写一封信来介绍你在中国的生活。

According to Question 1, write a letter to your friend to introduce your life in China.

第十一课 天气

阅读部分 READING

热身活动 Warm-up

◆你喜欢下面的天气吗？为什么喜欢/不喜欢？

Do you like the weather below? Why do/don't you like it?

1.下雨	（　　）	2.晴天	（　　）
3.下雪	（　　）	4.阴天	（　　）
5.刮风	（　　）	6.雾天	（　　）

课文 Text

课文一　Text 1

我是一名非洲留学生，在我的家乡，一年只有两个季节，一个季节常常下雨，另一个季节不常下雨，两个季节的温度都差不多。来中国以后，我才知道，中国一年有四个季节：春天、夏天、秋天、冬天。

我刚到中国的时候是夏天，最热的时候大概35度，比我们国家热多了。夏天常常下雨，下雨以后很凉快。很快到了秋天，天气不冷也不热，很舒服，我还看到树叶从绿色慢慢变成了红色、黄色，非常好看。很多中国人告诉我秋天是中国北方最好的季节。现在已经是冬天了，这是一年中最冷的季节。在我们国家从来没有这么冷过，零下10度！特别是有时候还刮大风，就更冷了。冬天虽然很冷，但是我也喜欢冬天，因为下雪的时候，到处都是白的，真是美极了！

听说济南的春天也很美，因为那时候天气很暖和，花都开了，红的、白的、黄的，非常漂亮，我希望春天的时候可以去公园照相。

生词 Vocabulary

1.非洲	（名）	fēizhōu	Africa
2.季节	（名）	jìjié	season
3.温度	（名）	wēndù	temperature
4.大概	（副）	dàgài	approximately; about
5.凉快	（形）	liángkuai	cool
6.树叶	（名）	shùyè	leaves
7.变	（动）	biàn	to change
8.从来	（副）	cónglái	at all times
9.零下	（副）	língxià	minus; below zero
10.刮风	（动）	guāfēng	to be windy
11.暖和	（形）	nuǎnhuo	warm

课文二 Text 2

有一位老人，她每天都很不开心。她身体很健康，家人的关系也很好，别人都觉得她应该是一位幸福的老人。可是她为什么还这么难过呢？

原来，她有两个女儿，都已经结婚了。大女儿的丈夫是开雨伞店的，小女儿的丈夫是开布鞋店的。晴天的时候，老人就担心自己的大女儿，因为没有人买雨伞了；阴天下雨的时候呢，老人又开始担心自己的小女儿，因为没有人买布鞋了。怎么办呢？不管天气怎么样，老人都很担心。

一个邻居对老人说："为什么不换一个想法呢？晴天的时候，小女儿的布鞋卖得好；阴天下雨的时候，大女儿雨伞卖得好。如果你这样想，是不是就开心了呢？"

老人突然想明白了，邻居说得对啊！自己为什么还要每天担心呢？从那以后，不管是晴天还是下雨，老人每天都开开心心的。

生词 Vocabulary

1.关系	（名）	guānxi	relationship
2.难过	（形）	nánguò	sad
3.结婚	（动）	jiéhūn	to be married
4.布鞋	（名）	bùxié	cloth shoes
5.阴天	（名）	yīntiān	cloudy day
6.不管	（连）	bùguǎn	no matter
7.邻居	（名）	línjū	neighbor

小词库 Supplementary Vocabulary

季节（seasons）	春天、夏天、秋天、冬天、雨季、旱季
天气（weather）	下雨、刮风、下雪、晴天、阴天

练习 Exercises

一、选词填空 *Choose the suitable words and fill in blanks.*

（一）

A.凉快　B.暖和　C.下雨　D.刮风　E.下雪　F.变

1.今天下了一场雨，比昨天（　　　）多了。

2.冬天外边很冷，可是教室里很（　　　）。

3.今天早上起床，发现外边白白的，原来（　　　）了。

4.别忘了带伞，报纸上说今天会（　　　）。

5.秋天到了，树叶慢慢（　　　）黄了。

6.昨天晚上（　　　），外面的自行车都倒了。

（二）

A.关系　B.卖　C.邻居　D.幸福　E.结婚　F 难过

1.A：玛丽怎么了？她看起来很（　　　）

B：她的孩子生病了。

2.A：我想自己开一家店。

B：那你打算（　　　）什么东西呢？

3.A：你最近看起来不开心，怎么了？

B：别提了，我和我的同屋（　　　）不好。

4.A：你丈夫在哪儿工作？

B：丈夫？我还没（　　　）呢！

5.A：爸爸，我忘了带钥匙，进不去了，现在在（　　　）家。

B：别着急，我马上就下班回家了。

6.A:这是我们家人的照片。

B:你们看起来真是(　　　)的一家。

二、阅读并选择正确答案 *Read the following sentences and choose the right answer.*

1.有一位老人,她每天都很不开心。她身体很健康,家人的关系也很好,别人都觉得她应该是一位幸福的老人。可是她为什么还这么难过呢?

★ 别人觉得老人应该:(　　　)

A.幸福　　　B.健康　　　C.难过

2.大女儿的丈夫是开雨伞店的,小女儿的丈夫是开布鞋店的。晴天的时候,老人就担心自己的大女儿,因为没有人买雨伞了;阴天下雨的时候呢,老人又开始担心自己的小女儿,因为没有人买布鞋了。

★ 阴天下雨时:(　　　)

A.老人担心大女儿　　B.没有人买雨伞　　C.没有人买布鞋

3.为什么不换一个想法呢?晴天的时候,小女儿的布鞋卖得好;阴天下雨的时候,大女儿雨伞卖得好。如果你这样想,是不是就开心了呢?

★ 晴天时:(　　　)

A.布鞋卖得好　　　B.雨伞卖得好　　　C.布鞋雨伞都卖得好

4.老人突然想明白了,邻居说得对啊!自己为什么还要每天担心呢?从那以后,不管是晴天还是下雨,老人每天都开开心心的。

★ 老人现在每天都很:(　　　)

A.开心　　　B.担心　　　C.难过

三、会话配对 *Match the two parts of the dialogues.*

A.春天花都开了,红的,白的,黄的,真漂亮。

B.中国的冬天比我们国家冷多了。

C.济南的秋天不冷也不热。

D.我们国家雨季的时候常常下雨。

E.济南夏天的最高温度差不多36度。

1.比我们国家可热多了。 (　　)

2.咱们去公园照相吧。 (　　)

3.所以很多人说秋天是最好的季节。 (　　)

4.所以出门的时候大家都带着伞。 (　　)

5.这个冬天，我新买了很多衣服。 (　　)

写作部分 WRITING

一、你们国家有几个季节？每个季节的特点是什么？

How many seasons are there in your country? And what is the feature of each season?

季节	最高温度	最低温度	湿润 moist √/×	干燥 dry √/×	下雨 √/×	下雪 √/×	刮风 √/×	晴天 √/×	阴天 √/×
季									
季									
季									
季									
季									

二、回答问题。

Answer the following questions.

我的家乡(My Hometown)	
你的家乡一年有几个季节?	1.从 月到 月是 季。 2.从 月到 月是 季。 3. 4. 5.
哪个季节比较湿润?	
哪个季节比较干燥?	
你最喜欢哪个季节? 为什么?	
你最不喜欢哪个季节? 为什么?	

我所在的中国城市(My City in China)	
现在你住在中国哪个城市?	
这儿一年有几个季节?	
每个季节有什么特点?	春天: 夏天: 秋天: 冬天:
你最喜欢哪个季节? 为什么?	
你最不喜欢哪个季节? 为什么?	

三、根据问题一、二，比较一下你的家乡和现在你所在中国城市的气候。

According to Question 1& 2, write an essay to compare the weather of your hometown and the Chinese city where you live.

第十二课 交通工具

阅读部分 READING

热身活动 Warm-up

◆选择合适的交通工具，完成句子。

Choose the right mode of transportation, and complete the sentences.

A.坐飞机　　B.坐地铁

C.坐公共汽车　　D.坐火车

E.骑自行车　　F.坐出租车

1. 我________去上课。
2. 我________去北京旅行。
3. 我________回国。
4. 我________去商场买东西。
5. 我________去图书馆学习。

课文 Text

课文一 Text 1

我是今年9月来中国的。这是我第一次来中国,我一句汉语也不会说,所以有点儿紧张。

我是坐UA897次航班来中国的,飞机先到日本,然后到北京。下午4点左右我到了北京。一个美国朋友到国际机场接我,他已经在北京生活了3年了,对北京很熟悉。

我在北京玩儿了一个星期,朋友带我去了很多有名的地方。北京很漂亮也很现代,可是车太多了,上下班的时候总是堵车。我们出去的时候一般坐地铁和公共汽车,北京的地铁和公共汽车都很便宜,但是人太多了,总是很挤。

一个星期以后,我坐高铁从北京去济南。朋友告诉我,在中国,高铁是很重要的交通工具。G27次又干净又舒服,服务员的态度也很热情,和飞机上差不多。

到济南西站以后,我坐出租车去山东大学,出租车司机很热情,上下车的时候他都帮我搬行李。大概半个小时以后我就到了我的学校。

终于到宿舍了,现在我要做的就是好好睡一觉。

生词 Vocabulary

1.紧张	(形)	jǐnzhāng	nervous
2.航班	(名)	hángbān	scheduled flight
3.机场	(名)	jīchǎng	airport
4.接	(动)	jiē	to pick up
5.熟悉	(动)	shúxi	to be familiar with
6.现代	(形)	xiàndài	modern
7.地铁	(名)	dìtiě	subway
8.高铁	(名)	gāotiě	high-speed train

9.交通工具	(名)	jiāotōnggōngjù	the traffic tools
10.出租车	(名)	chūzūchē	taxi
11.司机	(名)	sījī	driver
12.搬	(动)	bān	to carry;to move

课文二 Text 2

中国很大,不同的地方气候很不一样。冬天的时候,北京非常冷,有时候会零下10度,而且常常下雪和刮风。可是中国南方的海南就很暖和,有时候会30多度。

今年冬天我们全家一起去海南旅行,我们每天去海边游泳,好像回到了夏天,每天都玩儿得很开心。

假期结束,我们得回北京了。我们买了很多礼物,几个行李箱都满满的。我们在机场办了托运,这样我们就可以轻轻松松地上飞机了。因为今天海南的温度是33度,所以大家都穿着夏天的衣服,我穿的是一条很漂亮的新裙子,我觉得北京的朋友们见到我的新裙子一定会很羡慕。

飞机很快就到北京了,这时候,空中小姐说:"现在北京的温度是零下12度,请大家换上厚衣服。"我们才发现原来别人的包里都带了厚厚的衣服。可是我们的衣服都托运了!

现在我们到机场了,正在等托运的行李,我觉得快冻死了!很多人都奇怪地看着我,我觉得他们可不是在羡慕我漂亮的裙子。

生词 Vocabulary

1.气候	(名)	qìhòu	climate
2.海南	(专名)	Hǎinán	Hainan,a province
3.海边	(名)	hǎibiān	seaside
4.托运	(动)	tuōyùn	to check in(the luggage)
5.轻松	(形)	qīngsōng	relaxed
6.裙子	(名)	qúnzi	dress
7.羡慕	(动)	xiànmù	to admire;to envy

8.空中小姐	（名）	kōngzhōngxiǎojiě	an airline hostess
9.厚	（形）	hòu	warm (clothes)
10.冻	（动）	dòng	to feel frozen

小词库 Supplementary Vocabulary

交通工具(traffic tools)	飞机、火车、地铁、出租车、公共汽车、自行车、船
职业(occupations)	司机、飞行员、空中小姐、乘务员、售票员

练习 Exercises

一、选词填空 *Choose the suitable words and fill in blanks.*

（一）

A.骑　B.坐　C.搬　D.接　E.堵　F.带

1.我每天(　　)自行车来学校。

2.我是(　　)飞机来中国的。

3.真对不起，我来晚了，路上(　　)车。

4.我的朋友来济南看我，我要(　　)他们出去玩儿。

5.你能帮我(　　)一下行李箱吗？

6.今天下午我要去机场(　　)父母。

（二）

A.奇怪　B.托运　C.厚　D.零下　E.羡慕　F.轻松

1.A：大卫只学了半年汉语，就说得又快又好。

B：是啊，我们都非常(　　)他。

2.A:你的行李怎么这么少?

B:我把大部分行李都(　　　)了。

3.A:明天天气怎么样?

B:报纸上说很冷,差不多(　　　)15度。

4.A:听说北京的冬天非常冷,是吗?

B:是啊,所以你得多买一些(　　　)衣服。

5.A:你怎么看起来这么高兴?

B:我的作业都做完了,周末可以(　　　)地玩儿了。

6.A:为什么我一进教室大家都笑了?

B:因为你今天穿的衣服太(　　　)了。

二、阅读并选择正确答案 *Read the following sentences and choose the right answer.*

1.中国很大,不同的地方气候很不一样。冬天的时候,北京非常冷,有时候会零下10度,而且常常下雪和刮风。可是中国南方的海南就很暖和,有时候会30多度。

★ 北京冬天:(　　　)

A.很暖和　　B.30多度　　C.非常冷

2.因为今天海南的气温是33度,所以大家都穿着夏天的衣服,我穿的是一条很漂亮的新裙子,我觉得北京的朋友们见到我的新裙子一定会很羡慕的。

★ 我穿裙子是因为:(　　　)

A.海南温度高　　B.裙子漂亮　　C.裙子是新的

3.飞机很快就到北京了,这时候,空中小姐说:"现在北京的温度是零下12度,请大家换上厚衣服。"我们才发现原来别人的包里都带了厚厚的衣服。可是我们的衣服都托运了!

★ 我的衣服:(　　　)

A.非常厚　　B.在包里　　C.托运了

4.现在我们到机场了，正在等托运的行李，我觉得快冻死了！很多人都奇怪地看着我，我觉得他们可不是在羡慕我漂亮的裙子。

★ 大家看我是因为：(　　　)

A.我的裙子漂亮　　B.羡慕我　　C.我穿得太少

三、会话配对 *Match the two parts of the dialogues.*

A.北京的车太多了。

B.在中国，高铁是很重要的交通工具。

C.北京的地铁很方便也很便宜。

D.我父母下午坐火车到济南。

E.这是我第一次坐飞机。

1.我要去火车站接他们。　(　　　)

2.所以每天上下班的时候常常堵车。　(　　　)

3.可是地铁上总是很挤。　(　　　)

4.很多人出门都习惯坐高铁。　(　　　)

5.我觉得有点儿紧张。　(　　　)

写作部分
WRITING

一、你是怎么来中国的？请回答问题。

How did you come to China from your hometown? Please answer the following questions.

你是怎么来中国的？（How did you come to China?）	
1.在你的国家(In Your Country)	
你是怎么去机场的？	是……的：

续表

你是怎么来中国的？(How did you come to China?)	
谁去机场送你了？	
你坐的是哪次航班？	我坐的是……次航班：
你是几点上飞机的？	是……的：
2.到中国以后(After Arriving in China)	
飞机是几点到……的？	是……的：
有人去机场接你吗？	
你是怎么离开机场的？	是……的：
离开机场以后，你去哪儿了？	先……然后……：
你是怎么到现在的城市的？	
你是怎么到学校的？	
3.你的想法(Your Thoughts)	
你觉得最舒服的是什么交通工具？	

续表

你是怎么来中国的？（How did you come to China?）	
最不舒服的是什么？	
在路上你都遇到了哪些人？	
他们的态度怎么样？	

二、根据问题一，描述你是如何从家乡来到现在的学校的。

According to Question 1, write an essay to describe how you came to school from your hometown.

第十三课 我的照片

阅读部分 READING

热身活动 Warm-up

◇给大家看你两位朋友的照片，用"√"标出他们的相貌和衣着特点。
Show the class the pictures of your two friends and mark their looks and clothes with √.

第一个朋友(The First Friend)					
头发 hair	长	短	黄	黑	白
眼睛 eye	大	小			
鼻子 nose	大	小	高	矮	

续表

第一个朋友(The First Friend)					
嘴巴 mouth	大	小			
上衣 clothes	西装	毛衣	领带	T恤衫	衬衫
第二个朋友(The Second Friend)					
头发 hair	长	短	黄	黑	白
上衣 clothes	西装	毛衣	领带	T恤衫	衬衫
裤子 pants	运动裤	牛仔裤	西装裤	短裤	
鞋 shoes	皮鞋	运动鞋			

课文 Text

课文一 Text 1

我来中国学习汉语已经有半年了。我很想念我在英国的朋友。你看,这是我们在机场的一张照片,我来给你介绍一下。

我左边的男孩儿叫查尔斯。他留着长长的黄头发,长着大大的蓝眼睛,鼻子高高的,嘴巴不太大,长得帅极了。他里面穿着一件白衬衫,打着领带。外面穿着一件黑西装,下面穿着一条黑裤子和一双黑皮鞋。他很会照顾女孩儿。去机场送我的时候,一路上他都帮我背着很重的旅行包,提着很重的行李箱。虽然很累,可是他坚持不让我帮忙。说再见时,他脸上带着笑,可是眼睛里却含着泪。

我右边的女孩儿叫莉莉。她长得很漂亮,戴着一副特别大的黑色墨镜。她的衣服很有特点:穿着紧身上衣和一条很短的裙子,还戴着一顶很漂亮的大帽子,好像要去海边旅行。莉莉是一个又聪明又热情的女孩子。听到我来中国留学的消息,她很为我高兴。上飞机时,她让我在中国等着她,准备这个暑假来中国找我玩儿。

真希望能快点儿见到我的朋友们!

生词 Vocabulary

1.嘴巴	(名)	zuǐba	mouth
2.领带	(名)	lǐngdài	tie
3.西装	(名)	xīzhuāng	a suit
4.重	(形)	zhòng	heavy
5.提	(动)	tí	to carry with hand
6.含	(动)	hán	to contain
7.泪	(名)	lèi	tear
8.紧	(形)	jǐn	tight
9.顶	(量)	dǐng	a measure word for hat
10.消息	(名)	xiāoxi	information
11.为	(介)	wèi	for

课文二 Text 2

吉米有很多照片,但他最喜欢那张他留着长发的照片。那年吉米上小学四年级,是一个很可爱的男孩。他的头发又黑又亮,好看极了。有一天,吉米看了一个电视广告,看完以后,他决定留长发。

不过,吉米没想到留长发需要花那么长时间,更没想到留长发会带来那么多麻烦。同学们都嘲笑吉米的长头发,老师和父母也批评他。一次足球比赛上,教练把他当成女孩子了,不让他参加比赛。学校组织旅行的时候,别的男孩子都不愿意和他住在一个房间。

吉米觉得很难过。他跑到理发店,准备把头发剪短。可是在理发店里,他正好又看到了那个广告。吉米想起自己的决定,他又准备坚持下去。

整整12个月过去了。终于，吉米的目标实现了，他的头发长到了50厘米——这么长的头发可以做一个假发了。那个广告就是希望大家捐头发，给那些因为生病失去头发的人。

从理发店出来以后，吉米的头发又变成了原来短短的样子，和其他11岁的男孩没有什么不同。父母、老师和同学们都觉得吉米留长发是为了新鲜、好玩，现在他又不喜欢了。可是他们不知道，在另一个城市，一个因为没有头发被人嘲笑的女孩子，终于可以不用戴帽子出门了。这要感谢吉米那头美丽的长发。

生词 Vocabulary

1.亮	（形）	liàng	bright
2.广告	（名）	guǎnggào	advertisement
3.嘲笑	（动）	cháoxiào	to laugh at
4.批评	（动）	pīpíng	to criticize
5.教练	（名）	jiàoliàn	coach
6.理发店	（名）	lǐfàdiàn	the barber's
7.剪	（动）	jiǎn	to cut
8.目标	（名）	mùbiāo	goal;objective
9.假发	（名）	jiǎfà	wig
10.捐	（动）	juān	to donate
11.失去	（动）	shīqù	to lose

小词库 Supplementary Vocabulary

五官 (five sense organs in face)	眼睛、耳朵、鼻子、嘴巴、舌头
衣服(clothes)	西装、衬衫、领带、裤子、裙子
鞋(shoes)	皮鞋、运动鞋

一、选词填空 *Choose the suitable words and fill in blanks.*

（一）

A.想念　B.鼻子　C.西装　D.照顾　E.坚持　F.戴

1.第一天上班穿得应该正式一点儿，你穿（　　）吧。

2.锻炼身体不需要每天很长时间，但应该一直（　　）下去。

3.她穿着一件漂亮的裙子，还（　　）着一顶大帽子。

4.来中国有一年了，我特别（　　）我在日本的朋友。

5.奶奶生病了，需要人（　　），我得赶紧回国。

6.他用（　　）闻了闻妈妈做好的饭菜，真香啊！

（二）

A.留　B.亮　C.花　D.当　E.剪　F.被

1.A：昨天晚上怎么睡得那么晚？

B：别提了，写作业整整（　　）了我三个小时。

2.A：以后你想做什么工作？

B：我准备（　　）一个医生，你看怎么样？

3.A：都怪你们家孩子，好好的电脑（　　）他弄坏了。

B：你怎么知道是我们家孩子弄坏的？

4.A：冬天北京几点天（　　）？

B：大概得七点。

5.A：今天老师给你们（　　）的作业多吗？

B：不太多，应该很快能做完。

6.A:你的长头发呢?

B:我把头发(　　　)掉了。

二、阅读并选择正确答案 *Read the following sentences and choose the right answer.*

1.吉米的头发又黑又亮,好看极了。有一天,他看了一个电视广告,看完以后,他决定留长发。

★ 吉米的头发:(　　　)

A.很长　　B.发质很好　　C.像广告上的一样

2.同学们都嘲笑吉米的长头发。一次足球比赛上,教练把他当成女孩子了,不让他参加比赛。学校组织旅行的时候,别的男孩子都不愿意和他住在一个房间。

★ 根据这段话,我们可以知道吉米:(　　　)

A.是女孩儿　　B.不被大家喜欢　　C.不喜欢足球比赛

3.吉米跑到理发店,准备把头发剪短。可是在理发店里,他正好又看到了那个广告。吉米想起自己的决定,他又准备坚持下去。

★ 最后,吉米准备:(　　　)

A.看广告　　B.剪短头发　　C.继续留长发

4.整整12个月过去了。终于,吉米的目标实现了,他的头发长到了50厘米——这么长的头发可以做一个假发了。那个广告就是希望大家捐头发,给那些因为生病失去头发的人。

★ 吉米的目标是:(　　　)

A.卖假发　　B.留长发　　C.帮助没有头发的人

5.可是他们不知道,在另一个城市,一个因为没有头发被人嘲笑的女孩子,终于可以不用戴帽子出门了。这要感谢吉米那头美丽的长发。

★ 女孩的头发:(　　　)

A.是自己的　　B.是吉米的　　C.像帽子一样

三、会话配对 *Match the two parts of the dialogues.*

A.她的男朋友留着长长的黄头发。

B.他上面穿着一件白衬衫,打着领带。

C.一路上哥哥都帮我背着很重的旅行包，提着很重的行李箱。

D.今天是个大晴天。

E.她每天都穿着紧身上衣和短裙子。

1.他还不停地说："不累，不累。"　（　　）

2.路上，很多人都带着大墨镜。　（　　）

3.其实一点儿都不合适。　（　　）

4.她自己留的是黑色短发。　（　　）

5.下面穿着一条黑裤子和一双黑皮鞋。　（　　）

写作部分 WRITING

一、看你和朋友的照片，回答问题

Answer questions according to a picture of you and your friends.

我和朋友的照片（A Photo of My Friends and Me）	
1.基本介绍（General Introduction）	
你来中国多长时间了？	
这是你和谁的一张照片？	
这是在哪儿照的一张照片？	
2.具体介绍你的照片（Introducing Your Picture in Details）	
（1）你左边的朋友	
他/她叫什么名字？	我左边的……叫……；

续表

我和朋友的照片(A Photo of My Friends and Me)	
他/她长得什么样子?	他/她留着……(头发),长着……(眼睛),鼻子……,嘴巴……,长得……:
他/她穿什么衣服?	他/她里面穿着……,外面穿着……,下面穿着……:
他/她还拿了什么东西?	他/她背着……,提着……:
(2)你右边的朋友	
他/她叫什么名字?	我右边的……叫……:
他/她长得怎么样?	
他/她的衣服是什么样子的?	他/她穿着……,戴着……:
他/她是一个什么样的人?	
3.你的想法(Your Thoughts)	
你喜欢你的朋友吗?	
你想念你的朋友吗?	

二、根据问题一，描述你和你朋友的照片。

According to Question 1, write an essay to describe a picture of you and your friends.

第十四课 收拾房间

阅读部分 READING

热身活动 Warm-up

◆请在你经常做的家务活后边打"√"。

Mark the housework that you often do with √.

1.叠被子	（ ）	2.洗衣服	（ ）
3.擦地板	（ ）	4.晒被子	（ ）
5.擦玻璃	（ ）	6.刷餐具	（ ）

课文 Text

昨天是星期天，我哪儿也没去，在家里打扫房间。我把客厅、卧室和厨房都收拾了一遍，家里变得干净多了。

在客厅里，我先把地板和窗户擦干净，然后再擦电视、空调等家用电器。灯比较难擦。我找来一个梯子，慢慢爬上去，把灯罩卸下来，擦干净后，再把灯罩安回去。就这样，我打扫完了客厅。

卧室收拾起来比较简单。我先把床上的衣服叠好放进橱子，再把被子挂到阳台上去晒了晒。最后，我洗干净了床单和一些脏衣服。

最难收拾的是厨房。前一天晚上朋友们来我家聚会，玩到很晚才走，我也没有打扫。我先把剩的菜倒掉，再把炒菜用的锅和盘子、碗、筷子都刷干净，放好。最后把整个厨房都擦了一遍。厨房里到处都是油，特别难擦，我擦了半天才好不容易把厨房擦干净。

还有卫生间需要打扫，可是我太累了，决定以后继续干。忙了一天，看到干净的房间，我心里特别高兴。

生词 Vocabulary

1.地板	（名）	dìbǎn	floor
2.擦	（动）	cā	to wipe
3.电器	（名）	diànqì	electric appliance
4.梯子	（名）	tīzi	ladder
5.灯罩	（名）	dēngzhào	lampshade
6.卸	（动）	xiè	to disassemble
7.安	（动）	ān	to install
8.叠	（动）	dié	to fold
9.被子	（名）	bèizi	quilt
10.晒	（动）	shài	to bask
11.床单	（名）	chuángdān	a bed sheet
12.剩	（动）	shèng	to be left

课文二 Text 2

一天下午，丈夫下班回家，非常吃惊地发现家里什么都乱了。他的三个孩子在院子里玩儿，脸上、身上、手上都很脏。周围还放着很多空的食品盒子。丈夫越往里走，越发现家里确实太乱了。

客厅的电视声音特别大，可是没有人看电视。孩子的房间里到处都是脏衣服。厨房里，碗和盘子都没有洗。桌子上都是吃剩的饭菜，地上还有一个摔破的玻璃杯子。

丈夫不知道家里发生了什么事情，他急忙向妻子的房间跑去，他很担心妻子生病了，或者发生了更糟糕的事情。

他发现，妻子穿着睡衣，躺在床上，正在舒服地看书。

妻子微笑着看看丈夫，问他："今天工作顺利吗？"丈夫盯着妻子，他没有回答妻子的问题，他着急地问："今天家里到底发生了什么事情？"

妻子继续微笑着回答："你还记得吗？每天下班回家，你总是问我：'你在家里，到底都做了什么？'"

"不错，我是这么问过。可是……"丈夫还是很不理解。

妻子笑了笑，说："今天，我什么也没做。"

生词 Vocabulary

1.吃惊	（动）	chījīng	to be surprised
2.院子	（名）	yuànzi	yard
3.盒子	（名）	hézi	box
4.玻璃	（名）	bōli	glass
5.躺	（动）	tǎng	to lie down
6.微笑	（动）	wēixiào	to smile
7.盯	（动）	dīng	to stare
8.到底	（副）	dàodǐ	on earth
9.理解	（动）	lǐjiě	to understand

小词库 Supplementary Vocabulary

家用电器 (electric appliance)	电视、空调、电灯、电脑、洗衣机
餐具(dining utensils)	盘子、碗、筷子、碟子、杯子

练习 Exercises

一、选词填空 *Choose the suitable words and fill in blanks.*

（一）

A.擦　　B.叠　　C.挂　　D.晒　　E.倒　　F.刷

1.把昨天的剩菜（　　　）掉吧，肯定不能吃了。

2.哥哥不太爱干净，常常起床后不（　　　）被子。

3.墙上（　　　）着一件西装，是谁的？

4.冬天最舒服的事情应该是喝着热茶，在阳台上（　　　）太阳了。

5.我喜欢做饭，但是不喜欢吃完饭后（　　　）碗。

6.你怎么把窗户（　　　）得这么干净，真厉害！

（二）

A.吃惊　　B.乱　　C.剩　　D.担心　　E.糟糕　　F.微笑

1.A：今天你们怎么吃（　　　）了那么多菜？

B：中午有个朋友结婚，大家刚吃了都不饿。

2.A：请把书放回原来的地方，别把书架弄（　　　）了。

B：老师放心吧，我会注意的。

3.A：昨天老王（　　　）着问我“最近身体好吗？”

B：老王？他不是去英国了吗？

4.A：他和小丽结婚了？

B：别（　　　），人家小丽可是个好姑娘。

5.A：（　　　）！我忘了带钥匙了。

B：别着急，先给哥哥打个电话吧，看他能不能把钥匙送过来。

6.A:我最近特别(　　　)儿子,真不知道他一个人在北京怎么样!
B:他都那么大小伙子了,不会有什么问题的。

二、阅读并选择正确答案 *Read the following sentences and choose the right answer.*

1.一天下午,丈夫下班回家,非常吃惊地发现:家里什么都乱了。他的三个孩子在院子里玩儿,脸上、身上、手上都很脏。客厅的电视声音特别大,可是没有人看电视。孩子的房间里到处都是脏衣服。

★ 孩子在:(　　　)

A.客厅　　　B.院子里　　　C.房间里

2.厨房里,碗和盘子都没有洗。桌子上都是吃剩的饭菜,地上还有一个摔破的玻璃杯子。

★ 什么坏了?(　　　)

A.盘子　　　B.饭菜　　　C.杯子

3.丈夫不知道家里发生了什么事情,他急忙向妻子的房间跑去,他很担心妻子生病了,或者发生了更糟糕的事情。

★ 家里发生了什么事情?(　　　)

A.坏事　　　B.不知道　　　C.妻子病了

4.妻子继续微笑着回答:"你还记得吗?每天下班回家,你总是问我:'你在家里,到底都做了什么?'"

"不错,我是这么问过。可是……"丈夫还是很不理解。

妻子笑了笑,说:"今天,我什么也没做。"

★ 妻子:(　　　)

A.工作不努力　　　B.需要做的事很多　　　C.天天什么也不做

三、会话配对 *Match the two parts of the dialogues.*

A.我昨天看电视了,今天不会下雨。

B.我先把昨天剩的菜倒掉。

C.我要把上面的灯罩卸下来,擦一擦。

D.厨房里到处都是油,特别难收拾。

E.我把客厅、卧室和厨房都收拾了一遍。

1.家里变得干净多了。　(　　)

2.你有梯子吗？　(　　)

3.我擦了半天才好不容易把厨房擦干净。　(　　)

4.那我就可以把被子挂在阳台上晒晒了。　(　　)

5.再把盘子都刷干净，放好。　(　　)

写作部分
WRITING

一、你怎么收拾房间？请回答问题。

How do you clean your room? Please answer the following questions.

收拾房间(Cleaning up the Room)	
1.基本介绍(General Introduction)	
你什么时候打扫的房间？	
你打扫了什么地方？	我把……都收拾了一遍：
2.具体介绍(Introduction in Details)	
(1)收拾客厅	
在客厅里，你先收拾什么？	我先把……擦干净：

续表

收拾房间(Cleaning up the Room)	
然后再收拾什么?	然后再擦……:
怎么擦灯?	
(2)收拾卧室	
卧室收拾起来怎么样?	卧室收拾起来……:
怎么收拾床上的衣服?	把衣服……:
怎么收拾被子?	把被子……:
怎么收拾床单和脏衣服?	把床单和脏衣服……:
(3)收拾厨房	
先收拾什么?	先把……倒掉:
再收拾什么?	再把……刷干净:

续表

收拾房间(Cleaning up the Room)	
最后收拾什么?	最后把……擦干净:
厨房收拾起来容易吗?	好不容易才+V:

3.你的想法(Your Thoughts)

看到干净的房间,你觉得怎么样?	

二、根据问题一,描述你怎么收拾房间。

According to Question 1, write an essay to describe how you clean your room.